教育部人文社科项目（20YJC820027）
《邻避设施选址中利益冲突的权衡与化解研究》

邻避设施选址中利益冲突的权衡与化解研究

梁甜甜　著

法律出版社
LAW PRESS · CHINA
——北京——

图书在版编目(CIP)数据

邻避设施选址中利益冲突的权衡与化解研究 / 梁甜甜著. -- 北京 : 法律出版社, 2023

ISBN 978 - 7 - 5197 - 8299 - 3

Ⅰ. ①邻… Ⅱ. ①梁… Ⅲ. ①城市公用设施 - 选址 - 利益关系 - 冲突 - 研究 Ⅳ. ①D669.3

中国国家版本馆 CIP 数据核字(2023)第 175591 号

邻避设施选址中利益冲突的权衡与化解研究
LINBI SHESHI XUANZHI ZHONG LIYI CHONGTU DE QUANHENG YU HUAJIE YANJIU

梁甜甜 著

责任编辑 孙 慧 朱颖超
装帧设计 李 瞻

出版发行 法律出版社
编辑统筹 司法实务出版分社
责任校对 王晓萍
责任印制 胡晓雅
经　　销 新华书店

开本 A5
印张 8 **字数** 205 千
版本 2023 年 11 月第 1 版
印次 2023 年 11 月第 1 次印刷
印刷 北京虎彩文化传播有限公司

地址:北京市丰台区莲花池西里 7 号(100073)
网址:www.lawpress.com.cn
投稿邮箱:info@lawpress.com.cn
举报盗版邮箱:jbwq@lawpress.com.cn

销售电话:010 - 83938349
客服电话:010 - 83938350
咨询电话:010 - 63939796

书号:ISBN 978 - 7 - 5197 - 8299 - 3 **定价**:58.00 元

凡购买本社图书,如有印装错误,我社负责退换。电话:010 - 83938349

序言

欣闻梁甜甜所著的《邻避设施选址中利益冲突的权衡与化解研究》一书即将出版，我非常高兴，特为其作篇序。梁甜甜是2020年进入华东政法大学经济法博士后流动站跟我学习的，她博士期间在主要研究的环境法学领域颇有建树，也有把博士论文稍作修改出书的想法。我研读这部著作后认为呈现在读者面前的这本书凝结了她的智慧和心血，我希望本书能对环境法治有所贡献，也希望这部著作能让更多人意识到邻避选址问题的重要性，并就此展开更加深入的研究。

伴随着农业社会向工业社会的转型、传统社会向现代社会的变迁，邻里纠纷也逐步演化到邻避纠纷。邻里纠纷与邻避纠纷虽然只有一字之差，却蕴含着深刻的历史变迁与制度革命。如果说邻里纠纷只是不动产权人基于产权支配或使用进行的产权博弈，形成的是单纯的产权交易成本，是个人选择与个人利益的冲突与碰撞;那邻避纠纷则是行政权力参与下的产权博弈,形成的是远大于产权交易成本的政治交易成本,是公共选择与个人选择的冲突与碰撞,是社会利益与个人利益的冲突与碰撞。因为工业社会有关环境的决策都是在一个复杂的制度结构中实现的,而邻里纠纷仅仅是其中的一小部分。邻避纠纷涵盖了邻里纠纷又超越了邻里纠纷,使得这种纠纷的解决必须在一个复杂的制度结构中实现。梁甜甜所著的《邻避设施选址中利益冲突的权衡与化解研究》一书正是对邻避纠纷如何解决的制度问题所进行的分析。

习惯于用民法思维解决邻里纠纷的环境法学者通常会直接从相邻人权利侵权行为事实中寻求邻避纠纷解决的方案,以至于通常民事救济措施成为解决邻避纠纷的首选。如此不仅混淆了法律关系性质,也使相关权利人救济陷入就事论事的境地,无法从根本上为邻避纠纷的解决提供基础性制度保证。而本书则针对邻避设施选址引发的不同主体间利益冲突,进行类型化比较研究,从源头上权衡和化解不同种类邻避设施选址中的利益冲突,进而提出:多元主体联动参与、合理配置邻避设施选址利益、对冲突进行事前防范、设计有效的化解邻避设施选址中利益冲突的具体路径、形成多主体的彼此互动的网络关系等对策,以平衡多主体之间的利益,从而为建立避免或化解邻避纠纷长效机制提供了可能。

本书研究虽然也遵循了传统环境法思维,但是将政府放在了邻避纠纷解决的重点方向,构成了全书的最大亮点。属于空间规划与布局的邻避设施选址本身就是政府所为,从利益冲突形成及其防范和治理的全过程看,政府无疑是重要参与者,甚至是主导者。各方利益的协调与平衡是在政府管理和规制中实现的。为此,作者提出了政府权力和环境责任匹配,公民环境权制约政府、约束企业,邻避设施兴建和运作企业环境责任,建构多元主体联动机制等制衡主体间利益的制度构想。

包括邻避设施选址纠纷在内的邻避纠纷的解决或许远不是环境法所能担当的，或许是需要国家民主政治与法制建设，甚至非正式制度发育来实现。但作者从环境法角度探讨，作出了可圈可点的努力。罗纳德·科斯在《社会成本问题》一书中讲述了法院解决火车公司与农夫解决火车穿越麦田引发火灾纠纷的故事，说明法院不能停留在解决个人冲突的层面，更要解决社会冲突；让·梯若尔在《共同利益经济学》一书中论证了“政府和市场相互补充，而非相互排斥”的逻辑，说明政府与企业、社会与自然人是一个共同体，利益彼此不能分割。邻避纠纷的解决必须着眼于降低社会交易成本，而非降低个人成本。无论是政府还是法院，都是邻避纠纷利益的参与者，必须从共同利益出发切实解决邻避纠纷。当然，从事邻避纠纷解决的立法者更不能置之度外，只有当设计出降低社会交易成本的法律时，才能从根本上解决邻避纠纷的法律问题。中国现行环境法在国家法律体系中已经占据半壁江山，邻避纠纷的解决依然无法可寻，学者们陶醉于法律形态的完善，却忽略了法律应当或可能追求的价值目标。寻求包括环境法在内的法律的“思想力量”（杰克·戴维斯《立法法与程序》语）或许是我们法律人努力的方向。

梁甜甜作为一名法学教师，工作任务较重，还要在科研上付出精力，实属不易。我作为她的博士后导师认为她对邻避纠纷有些问题的研究还需要在以后的工作中进行深入挖掘，以期惠益于我国环境法治事业的发展。

肖国兴

华东政法大学经济法学院教授、博士生导师

二〇二三年十月二十二日

前言

邻避设施选址冲突是与经济发展相伴而生的产物，是人民日益增长的对环境美好需要的体现。对于这些邻避设施而言，它们有兴建的必要性但是却会影响设施附近居民的利益，所以邻避设施选址冲突的发生从根源上来讲就是社会主体间不同利益需求的碰撞。如何能在国家经济发展建设中对不同主体之间的利益进行平衡进而对设施附近居民利益予以最大限度的保护，使人类的生存环境维持在良好的状态，这不仅是对现实需要的回应，也是时代赋予环境法学者的新课题。

为解决邻避设施选址中出现的主体间的冲突，更好地保护邻避设施附近居民的利益，就需要对邻避设施选址中利益冲突涉及的基本问题进行明确，从维护邻避设施附近居民环境利益的角度来分析不同邻避设施选址中主体间的利益冲突，再对引发这些主体间利益冲突的要素予以权衡，进而设计出最合适的有利于化解邻避设施选址中利益冲突的法律解决路径。这样不仅能丰富有关邻避设施选址的环境法理论，也能拓宽对邻避现象进行法学研究的思路，为我国在立法和司法实践中解决邻避设施选址难题方面建立理性基础。

在邻避设施选址中利益冲突的基本问题分析方面。“邻避”是某些会产生负外部性的设施附近的公民群体因设施兴建致使其环境利益受损而进行维权的现象。邻避设施就是指这些被附近居民反对的好处与风险并存的设施。在国内外学者研究的基础上，我国现代化发展中兴建的邻避设施可分为污染风险型公共设施、污染风险型生产设施、不宁适型公共设施和污名化型公共设施，每种设施都根据自身性质有着不同的特点，由此产生的主体利益冲突亦有差别。这些利益冲突是邻避设施选址冲突产生的根本原因，也因当今人类对良好环境的需求而显现出新的时代特色。由于邻避设施的兴建会侵害到设施附近居民的环境利益，所以选择他们应享有的环境权作为正确的利益冲突考察视角对其环境利益与环境权进行分析。这些基本问题是研究邻避设施选址中利益冲突的前提。

在邻避设施选址中利益冲突的类型方面。邻避设施选址中涉及的主体间的利益冲突是邻避设施选址冲突权衡和化解的对象，其从总体上可划分为基于主体数量差别而引发的利益冲突、基于主体对客体的利益差异而引发的利益冲突和基于价值取向区别而引发的利益冲突三类，每种邻避设施选址中产生的利益冲突无一不与这三种利益冲突类型有关。污染风险型公共设施选址中的利益冲突源于较小范围内公益与个益的冲突；污染风险型生产设施选址中的利益冲突源于较大范围内公益与个益的冲突和环境保护与经济发展的冲突；不宁适型公共设施选址中的利益冲突源于传统价值与现代价值的冲突；污名化型公共设施选址中的利益冲突源于正义价值与自由价值的冲突，他们分别呈现出各自相异的表现形态。这些不同邻避设施选址中的利益冲突是本书的重要议题所在。

在邻避设施选址中利益冲突的权衡方面。各种不同邻避设施选址中的利益冲突都是主体间正当利益的冲突，这些利益之间不是非此即彼、相互斗争的关系，而应是彼此照应、和平共处的关系。利益权衡理论是为兼顾各方的正当利益而对利益分配进行妥当解释的理论，其引入到不同邻避设施的选址中能为主体利益冲突的化解提供考量。在对不同邻避设施选址中主体的利益进行权衡时，需适用利益权衡原则中的正当程序原则、比例原则和紧缺利益优位原则，采用价值目标比较下“质”的排序和受益人数对比下“量”的多少两种权衡方法，根据不同类型邻避设施的性质特点，在这些邻避设施选址中利益冲突划分的基础上，总结出引发各类邻避设施选址中利益冲突都需要权衡的共性因素，区分出它们之间不同的个性因素。对不同邻避设施选址中的利益冲突进行权衡是邻避设施选址冲突化解路径提出的基础。

在邻避设施选址中利益冲突的化解方面。化解邻避设施选址中的利益冲突需要做好事前防范，对不同主体的权责进行确定才能设计出与此相应的具体化解路径，为解决邻避设施选址中的利益冲突提供理论以及实践方面的指导。邻避设施选址利益冲突化解的事前防范需要在对不同邻避设施选址中利益冲突划分和权衡的基础上合理配置主体的权责，政府要在正当行使管理权力和承担环境责任一致的前提下实行有效的行政措施；邻避设施附近居民要实现公民环境权以对政府形成制约、与企业进行博弈；邻避设施兴建企业要承担起社会环境责任，社会中的其他主体也要参与进来形成多元参与的联动机制来达到主体间利益的制衡，进而保护设施附近居民的合法权益。邻避设施选址中利益冲突化解的具体路径可体现为邻避设施选址涉及的主体共同参与的协商方式、政府和企业与设施附近居民单独或双方对第三方中立组织的授权方式、政府与企业对设施附近居民的补偿方式和邻避设施附近居民环境权的司法救济方式。这些具体路径都是通过主体间良性互动的方式达到化解邻避设施选址冲突的目的。对不同邻避设施选址中的利益冲突进行化解是本书的最终目标。

总之,为了能对邻避设施选址冲突的化解有所助益,需要通过对不同邻避设施选址中出现的各类利益冲突的生成原因和表现形态详细地研究,有针对性地权衡引发不同邻避设施选址中利益冲突的因素,在法律上合理配置相关主体的权责,提供具体而有效的法律解决路径以平衡主体之间的利益。

目录

导　论

当代中国正处于一个社会大变革的时代。我们在快速发展经济的过程中对赖以生存的环境造成了不少负面影响，也因此引发了复杂多变的社会问题和环境问题。能否处理并解决好这些问题，关乎社会的进一步发展和人民生活水平的提高。所以法律作为现代国家治理的重要工具必须对此作出回应，针对中国的特有国情建立适合国家良性发展的法律制度。这也是时代赋予当今法学研究者的主要任务。

环境时代的到来使我国不能重复西方国家曾经采取的财富聚集方式。我们虽然面临诸多困难，也必须在环境保护的基础上寻求经济的发展。关注社会民众日益增长的对清新环境的美好需求，抑制政府不断膨胀的行政权力，力图去解决社会发展中出现的新矛盾，实现社会正义与环境正义，是新时期我们主要的发展目标。

我们需要借鉴国外的成功经验，但更重要的是在中国的社会背景下进行法学分析，把握时代的脉搏，对准时代的焦点，在实践创新的基础上思考解决问题的最佳办法。这不仅有助于我国的法治现代化进程，也有利于实现社会秩序的和谐稳定。

本书就是在这种认识的前提下，选取了邻避设施选址中利益冲突的权衡与化解这一具有时代特色的命题作为研究对象，探讨与此相关的法学理论问题，尝试解决现实中出现的社会冲突，希望能为社会主体的行为作出理性的指引，为我国的法治建设添砖加瓦。

一、选题的背景和意义

（一）选题的背景

1. 邻避设施选址冲突的兴起与发展

20 世纪 50 年代到 70 年代初期，西方工业国家追求经济的高速增长，创新工业技术，扩大城市规模，以政府为主的公共部门为满足城市居民在教育、文化、市政、卫生、交通、绿化等方面的公共需求，需要兴建众多公共设施。由于这些设施在服务大众的同时也产生了一系列属于现代化污染的“副产品”，如垃圾围城、空气污染、能源不足等环境问题，其兴建所引起的负外部性使周边群众非常厌恶，没有人愿意其修建在自己居住地附近，因此它们被称为“邻避设施”。

西方国家一般选择把这些邻避设施建在贫穷居民较多的地区，而且基本是由政府单方面对设施的选址作出决策，没有征求设施附近居民意见。这就导致设施附近居民认为他们被剥夺了享有良好环境的权利，把这种设施选址的行为看作环境不正义的表现。而他们通过正当途径向政府反映又不能得到很好的解决，所以导致了他们与政府和企业之间冲突的发生。

随着社会的发展，大量的可能产生污染和使周围群众感到不舒服的公共设施需要兴建，但公众的权利意识、风险意识和参与意识也在不断提升，导致这些设施的兴建变得越来越困难，也引发了更多的民众冲突和环保运动。这些邻避设施如不建会影响国家的经济发展，建又会因环境污染和其他问题导致设施附近居民的反对。因此，其应否兴建已成为国家发展的一道难题。[1]

我国是发展中国家，经济发展曾一度落后于西方国家。自改革开放以来，中国一直致力于工业化发展，经济环境发生了巨大的变化。这些变化表现在：城市化进程速度加快，城镇人口比重提升，国内生产总值增加，民众的整体生活质量也得到显著的提高。

但是现代国家在城市化进程中基本都是带来众多好处的同时还伴随部分危机，具有中性化的特点。[2] 我国经济虽然在飞速发展，但同时也产生了像环境污染和资源短缺等负面影响，导致民众生活品质降低和城市发展受阻。

这种结果的出现主要是源于人们对城市生活中的公共需求在逐渐增加，而政府为解决制约城市发展的环境和能源等问题，需要承担起公共服务提供者的职责，兴建提升生活品质和生活质量的服务项目和大量的工业项目来加强相关设施建设，如兴建众多公共设施来减轻因居民需求不断增加而带来的城市服务压力；兴建众多的有利于提升国内生产总值的生产设施以推动当地区域经济的发展。[3] 这些设施所具有的特性是会使公众或部分群体受益，能满足居民的需要，有建设的必要性，但同时也具有一定程度的“负外部性”，可能会给邻近的居民带来一定的不利影响，如环境污染、健康安全和心理不悦等。它们和西方国家所言的邻

〔1〕 辛方坤：《邻避风险社会放大过程中的政府信任：从流失到重构》，载《中国行政管理》2018 年第 8 期。

〔2〕 Michael A. Cohen & Blair A. Ruble et al., *Preparing for the Urban Future: Global Pressures and Local Forces*, Washington D. C.: The Woodrow Wilson Center Press, 1996, p. 165.

〔3〕 邓集文：《中国城市环境邻避风险治理的转型》，载《湖南社会科学》2019 年第 3 期。

避设施有异曲同工之处。

我国的城市居民由于物质生活水平的提升，对精神生活的需求也在不断增高，他们逐渐认识到环境对人生存的重要性。由于城市环境污染的日益严重和居民患病率的增加，人们更加关注自己的身体健康，因此对自己所居住的社区的环境标准非常看重，对生活品质有了更高的要求，导致社区民众的环境保护意识和维权意识空前高涨。

在这种情况下，一些邻避设施的兴建就引起了附近居民的反感，因为邻避设施虽服务于社会大众但其环境成本则由设施周边居民承担。[1] 尤其是一些城市的高污染项目已经给当地居民造成了身体健康侵害的信息使他们坚决反对这种设施建在自家附近。尤其是当他们对邻避设施的选址所知不多时，对政府的这种决策行为有强烈的被剥夺感和不平衡感，觉得自己的公民权利受到了损害，而通过正常途径并不能取得良好效果，因此就引发了设施附近居民与政府和企业之间的暴力冲突。西方国家遇到的问题在我国重演了。

我国近些年发生的邻避冲突数量较多，冲突原因比较复杂，规模也越来越大。这些冲突的发生给政府在城市的公共管理和经济发展方面造成了很大的困扰。为了维护社会秩序的稳定，安抚当地民众的情绪，政府对很多已经准备充分的项目临时叫停，导致工程进展不利，很多工程项目到最后不得不取消。这种双输的后果严重阻碍了城市的经济发展，制约了我国经济的升级转型，也最终损害了群众的正当权益。

总之，我们应该看到，邻避设施选址冲突的出现和发展可以说是国家工业化的产物，是把利弊兼有的“双刃剑”。它是每个国

---

〔1〕 李小敏、胡象明:《邻避现象原因新析:风险认知与公众信任的视角》,载《中国行政管理》2015 年第 3 期。

家在大力推进经济发展过程中必然出现的问题,并不是只在我国才会发生。我们要正视并努力化解这种冲突,并将其看作对政府的执政能力提出的挑战,是对企业提高生产环保水平的推动,是公民环境意识的觉醒与对自身环境、经济等权益的关怀。它会对公民社会的成长和壮大有强烈的催化作用,有利于推动我国法治现代化建设,有利于生态文明制度体系的构建,进而实现经济的可持续发展。

2. 邻避设施选址冲突的解决在实践中存在困难

社会环境的变化为邻避冲突的发生提供了现实土壤,包括"自上而下"的传统政府决策模式、公民的公平参与需求的扩大、经济发展水平的提高等。[1] 这种冲突从某种程度上讲也是社会化大发展和公民环境意识觉醒的必然产物,是社会主体间不同利益需求的碰撞。

综观中国近些年来发生的数十起较大规模的邻避冲突事件,国家也从开始对公民运动的绝对抵制到认真考虑民众的诉求,改革自身的执政管理方式。但是这种冲突还在接连上演并呈现愈演愈烈之势,使政府在欲兴建邻避设施时小心翼翼,生怕引起冲突和暴乱。这也成为新时代政府实施行政决策的一道难题。这种情形的出现说明解决邻避设施选址在实践中存在困难,集中表现在主体间的两难选择和法律的回应性不强两方面。

一方面,邻避设施选址中涉及的重要主体政府、企业和公民因利益冲突存在选择困难,这种困难已成为政府治理的难题,企业发展的桎梏,公民维权的方向。

政府是国家的重要行政主体,主要承担着公共管理的任务。城市公共设施的建设直接关系着人们日常生活的质量,有兴建的

---

〔1〕 王奎明、于文广、谭新雨:《"中国式"邻避运动影响因素探析》,载《江淮论坛》2013 年第 3 期。

必要性。但是由于这些设施自身的负外部效应使任何公民都反对其修建在自家附近,怕对自身造成身体健康的损害和财产的贬值。另外政府也有经济发展的任务,为达到这个目标,政府就需要招商引资,引进能大力推动当地经济发展的项目,而这些项目往往具有较高的污染性,比如对二甲苯化工(PX)项目。当地民众对此一般会予以强烈抵制,其原因是民众并不是项目最大的获益方,反而要承受健康受到侵害和环境被破坏的恶果。因此,民众反对邻避设施兴建在自家附近。政府既想要发挥服务作用又怕引发冲突,使很多项目在这种两难的困境中无法做出令大家满意的选择,因此很多项目会陷入一种“上马—抗议—停止”的消极模式。

中国企业的发展也是步履维艰。企业的生存目标就是获取更多的利润,其要生存发展就需要利用一定的环境资源,必然要排放污染物,也具有一定的环境安全风险。企业在生产建设中要接受政府与公民的监督,如违法排污会承担行政法律责任,合法排污造成公民损害也需要承担民事责任,无论在哪里选址都会引起当地居民的不满。所以企业要想减少污染,唯一能做的就是提高环保工艺水平,采用清洁生产的方式。但是做到这些需要企业有较高的环境意识和先进的科学技术水平作支撑。我国的大多数企业目前不具备这种先进的环保技术,或者是采用这些技术会使生产成本过高。企业在是否采取环保工艺时必须考虑自身的承受能力和发展前景,如果成本提高但获利微薄,对企业而言就是得不偿失,所以它们不敢做出轻易的尝试。邻避设施选址冲突的发生从某种意义讲也限制了企业的发展。

邻避设施兴建地附近的居民应该说是最大的受害者,我们绝不能把他们看作社会秩序混乱的制造者,也不能简单用缺乏理性去为其下定义。人自利的本性就决定了其不愿意自身受到任何侵害。邻避设施的兴建往往会引发周边民众的焦虑。美国人本主义心理学家罗洛·梅认为:“焦虑是由于被个人视作根本存在的某种价值受到威胁而引发的不安感受。”[1]邻避居民焦虑是因为他们往往要承担由于邻避设施兴建而导致的环境恶化、污染加剧、健康受损、安全风险提高和财产贬值等后果。而且他们中的一些人因对设施在居住地周围的兴建了解有限,故而向政府和企业提出拒绝兴建的诉求具有后滞性,但是这种反对和正常维权的方式有时难以得到官方的有效回应。在此情形下,一些民众可能会选择把事情“闹大”,采用非正常的手段对政府施加压力,迫使政府改变决策,使企业更换兴建地点。

我们要深入思考邻避选址中利益冲突发生的症结所在,不能仅把它看作一种有负面影响的群体性事件,要在充分理解各主体利益诉求的基础上力求寻找最佳的解决办法。

另一方面,我国对邻避设施选址利益冲突问题的法律回应性不强,主要体现在立法上没有专门的邻避设施选址立法;行政主体行政自由裁量权过大;司法解决途径存在缺陷。

首先,从立法的层面看,我国没有专门针对邻避设施选址的立法,只在一些法律和相关法规中有涉及邻避设施功能和行政决策的规定。如《水污染防治法》第40条第1款规定:“化学品生产企业以及工业集聚区、矿山开采区、尾矿库、危险废物处置场、垃圾填埋场等的运营、管理单位,应当采取防渗漏等措施,并建设地下水水质监测井进行监测,防止地下水污染。”《城乡规划法》对规划程序作出了较为详细的规定,但是关于邻避设施选址的规划仅仅是城乡规划中的一部分。《环境影响评价法》和《行政许可法》中也规定了邻避设施的行政许可程序,但这些程序同样适用于其他行政行为。所以这些程序规定只是一般性规范,不是专门针对

---

〔1〕［美］罗洛·梅:《焦虑的意义》,朱侃如译,广西师范大学出版社2010年版,第257页。

邻避设施选址的规范。在邻避设施选址方面,我国只在《危险废物填埋污染控制标准》和《生活垃圾焚烧污染控制标准》中对这两类设施选址的标准和范围作了相关规定,对其他类设施的选址标准和范围尚未规定。2018 年公布的《环境影响评价公众参与办法》中虽然对于邻避设施选址中公众参与的主体、范围和程序作了相关规定,增强了公众参与的有效性和可操作性,但是还存在有些条款与上位法无法衔接,缺乏针对环境公共利益的保护和未针对规划环评中公众参与方面的特殊之处作出回应等问题。另外,邻避设施选址还涉及风险管理和补偿等其他问题,法律也没有作出明确规定。总之,我国关于邻避设施选址的法律规范较少而且层级较低,缺乏有针对性的实质性规定,不利于邻避冲突的解决。

其次,在行政层面上,政府对于邻避设施选址的决策没有得到有效制约,存在较大的自由裁量权。孟德斯鸠曾言:“一切拥有权力的人都非常容易滥用自身拥有的权力,这是万古不变的经验。”[1]政府的行政权力如果不能得到制约,最易发生滥用的可能。政府在邻避设施选址过程中为了达到自身的公共管理目的和推进当地的经济发展,有时可能会忽略设施附近居民的真实感受和实际需求,政府一般遵循“最低成本原则”和“最小抵抗途径原则”完成选址。[2] 我国法律规定了公众参与的必要程序,但有时该程序不会被严格遵循,导致群众意见难以充分表达。在对邻避设施选址的风险评估中,有时因未引进中立的专业机构或第三方组织,使决策缺乏科学性与客观性。政府有时未根据邻避设施附近居民的受损程度给予合适补偿或提供相关的公共福利保障,

〔1〕 [法]孟德斯鸠:《论法的精神》,张雁深译,商务印书馆 1961 年版,第 154 页。

〔2〕 华启和:《邻避冲突的环境正义考量》,载《中州学刊》2014 年第 10 期。

使邻避居民的成本和收益不对等。这些情形的出现导致了公众对于政府行政决策的不信任,这种不信任就会引发政府与民众的冲突。这些情形的出现正是政府行政权力膨胀,没有合法公民权利对其制约的结果。

最后,在司法层面上,对于因邻避设施选址可能受到影响的居民很难通过司法途径来解决冲突。我国 2015 年施行的《环境保护法》中没有赋予公民可以提起环境民事公益诉讼的资格。我国《行政诉讼法》中也没有明确规定公民可以提起环境行政公益诉讼的条款。《行政诉讼法》第 2 条对于原告主体资格的规定是行政机关和行政机关工作人员的行政行为必须侵犯其合法权益或者其与行政行为有利害关系,但是这种利害关系如何确定则比较模糊;第 12 条对于受案范围的规定里没有明确包括行政机关对邻避设施选址决策引发的争议,只在第 12 条第 1 款第 12 项"认为行政机关侵犯其他人身权、财产权等合法权益的"这一条款中可以推断出公民对于行政机关违法的邻避设施选址决策是可以提起行政诉讼的。2018 年公布的《环境影响评价公众参与办法》(以下简称《办法》)第 27 条虽规定了生态环境管理部门应在作出建设项目环境影响评价一定时期之内向社会告知提起行政诉讼的期限,表明公众针对行政机关作出的违法邻避设施决策能提起行政诉讼,但是也存在法律层级较低的缺陷。另外,即使公民可以提起行政诉讼,因为缺少关于此方面程序明确的法律规定,也存在不易取证、准备时间受限等问题,不利于最终取得胜诉的结果。

(二)选题的意义

对因邻避设施选址引发的冲突进行深入细致的研究在学术界具有相当重要的理论价值,也是中国在经济高速发展时期所赋予我们的时代命题,更具有现实的使命感和紧迫感。

1. 理论价值

在理论价值方面，本书可以丰富和发展环境权理论和利益权衡理论在环境法中的研究，为邻避设施选址中利益冲突的化解夯实理论基础。

我们通过对邻避设施选址中相关概念的准确定位，对邻避设施的类型加以区分，可以看到因邻避设施本身存在的必要性以及成本与效益分担的不均衡性。在以公民环境权为权责基础解决邻避设施选址中利益冲突的视角下，按照利益冲突的分类找出不同类型邻避设施引发利益冲突的深层原因和根源所在，权衡引发不同类型邻避设施选址中利益冲突的共性因素与个性因素，通过对政府、企业和公民的权责进行合理配置做到邻避设施选址中利益冲突的事前防范，设计出最合适的有利于化解邻避设施选址中利益冲突的法律实施路径，对我国在立法和司法实践方面化解邻避设施选址中的利益冲突有着重要的理论指导作用。

本书开展的这种理论研究是在环境法基本原则的指导下对邻避设施的选址所涉及的法律问题进行的全面分析。这种探讨针对的是不同性质的邻避设施引发冲突的解决模式，能够顺应当今第二代环境法的发展趋势，更多地回应现实需要，着力解决社会发展中出现的环境难题，丰富有关邻避设施选址的环境法理论，拓宽对邻避现象进行法学研究的思路。这种实践指导性较强的研究方式也符合当今环境法的价值取向，顺应新时代环境法学研究的发展脉络，有助于加强法律的实践价值。

2. 现实意义

本书的研究可以对邻避设施选址引发的利益冲突之解决有所助益，具有较强的现实意义，能起到较佳的社会冲突治理效果。

近年来，由于社会发展现代化进程的加快，环境污染和自然资源被破坏带来的严重后果已成为当今社会发展不得不面对的重要问题。因污染引起的人类集体患病率的增加、资源枯竭将会对人类继续生存发展造成威胁，这些现象已成为关乎人类能否健康地并且有尊严地在这个地球上世世代代生存下去的重要问题。人们对良好环境的利益需求使得公民环境意识和个人权益观念有所提升，以至于在世界范围内出现了关于垃圾焚烧发电厂、通信设施、殡仪馆等公共设施以及生产设施选址引发的邻避冲突。

尤其在我国这样的发展中国家，由于大力发展经济，邻避冲突的数量越来越多，规模也越来越大。设施附近居民的强烈阻止给政府决策带来很大的困难，使政府在公共利益和个体利益之间，在推动经济发展和环境保护之间都处于两难的境地，往往为避免引发冲突而导致建设项目搁置，阻碍了当地正常的经济建设。而且这种邻避冲突有时还带有暴力性质，给社会秩序的稳定造成极为不利的影响。

如何能以法律手段来规避现实中存在的邻避设施选址冲突，对主体的权利义务予以界定来保护公民的合法权益，是法学研究尤其是环境法学研究方面应当关注的重点问题。

本书的研究以解决现实问题为目的，在中国特色经济发展的特殊国情基础上，借鉴其他国家解决邻避设施选址冲突的成功模式，协调冲突当中各主体的利益关系并以法律形式对主体的权责予以明确，为政府作出正确邻避设施选址决策提供法律指导；为企业提高科技管理水平、开展绿色生产和降低污染风险提供正确的法律目标；为公民尤其是邻避设施附近居民正确认识邻避设施的兴建以及以何种权利来保障自身利益，追求程序公正和结果公平提供法律方向。

总之，只有各利益主体之间能够和平共处，在合法合理的基础上，找出实施效果最佳的解决方案，才能实现利益的最大化进而维护社会秩序的稳定，为我国的经济发展与环境治理之间的矛盾找到一条新路，推进我国的经济建设与法治进程。

二、研究综述

(一)理论研究成果

1."邻避"现象的成因研究

"邻避"现象是当地居民因担心建设项目(如垃圾场、核电厂、殡仪馆等邻避设施)会引起一些负面影响,如损害公众自身的身体健康、降低生存的环境质量和贬损资产的经济价值等,故而对这些设施产生厌恶,不愿意它们兴建在自己居住地附近,进而采取集体抗争行为的现象。"邻避"现象的成因是国内外学者研究的重点内容,因为只有清楚问题的成因,才有助于从根源上去解决问题。

国外学者对"邻避"成因的研究主要集中在邻避设施的负外部性、居民对"邻避"现象的态度、选址程序的合理性和综合因素的影响四个方面。

第一种看法把邻避设施的负外部性看作"邻避"产生的直接原因。如学者沃尔辛克认为:"很多设施兴建的最初目的是满足大众生产生活的需要,但这些设施所带来的影响是把'双刃剑'。由于人类生活水平在不断提高,自身权利意识也在不断增强,所以这些具有较大负面影响的设施在兴建时容易引起当地居民的反感甚至抗争,因而出现了'邻避'现象。"[1]

第二种看法指出"邻避"现象是公民自私自利的情绪化反应。如学者维特斯认为:"'邻避'是公民不愿意会产生负面影响的设施兴建在自己周围的一种态度和反应。这种态度和反应是对被认为有害于生存权与环境权的公共设施的带有情绪性的全面拒

〔1〕 Maarten Wolsink, *Entanglement of Interests and Motives: Assumptions behind the NIMBY Theory on Facility Siting*, Urban Studies, Vol. 31:6, p. 853(1994).

绝，不以理性知识为前提，只以环境价值为衡量标准。"[1]

第三种看法表明不合理的选址程序是导致"邻避"现象发生的制度原因。如学者雷诺伊的研究表明："没有经过正当程序的选址就会引起很多邻避冲突事件。如果政府和兴建企业能对设施兴建地居民的环境利益予以关注，更多地倾听他们的意见，当地居民就会减少恐慌，配合政府和兴建企业的行动。"[2]

第四种看法把"邻避"现象视作综合因素作用的结果。如学者克拉夫特与克拉里进行的研究认为："邻避冲突受众多变量影响。这些变量包括：公众掌握的信息不足、公众对政府和企业不信任、公众对设施风险的认知观点狭隘、公众对设施选址方案的评估情绪化等。"[3]

国内学者对"邻避"现象成因的研究主要集中在媒体传播与社会心理、公众参与和政府决策、利益冲突和环境因素四个方面。

第一种看法认为媒体的负面新闻会扭曲人的判断，使社会大众对风险感知度增加，导致"邻避"的发生。如学者张乐、童星研究认为："政府和居民接受信息的来源分别是专家与媒体，这种不同导致他们对风险信息与风险证据的解读不同，会造成对邻避设施可能引发的风险认知不同，进而影响政府和居民之间的互动。"[4]

第二种看法认为公众参与不足和不够透明的政府决策会导

---

[1] M. E. Vittes, Pollock Ⅲ & S. A. Lille, *Factors Contributing to NIMBY Attitudes*, Waste Management, Vol. 13:2, p. 125(1993).

[2] D. H. Leroy & T. S. Nadler, *Negotiate Way out of Siting Dilemmas*, Forum for Applied Research and Public Policy, Vol. 8:1, p. 107(1993).

[3] Howard Kunreuther, Kevin Fitzerald & Thomas D. Aarts, *Sitting Noxious Facilities: A Test of the Facility Sitting Credo*, Risk Analysis, Vol. 13:3, p. 303(1993).

[4] 张乐、童星：《"邻避"行动的社会生成机制》，载《江苏行政学院学报》2013 年第 1 期。

致“邻避”现象的产生。如学者赵小燕认为:“‘邻避’现象的产生是因政府的邻避设施选址决策与公共价值偏离、决策程序不完善和决策方案不科学而引起的。”[1]

第三种看法认为“邻避”的产生是对城市居民和邻避居民的利益分配不均造成的。如学者朱阳光等认为:“高污染项目选址中利益分配的不公平就是引起设施附近居民冲突的根本原因。”[2]

第四种看法把环境恶化看作“邻避”的成因。如学者马奔等认为:“‘邻避’产生的直接原因是环境不断恶化,公民对于自身生存环境权益的捍卫。”[3]

2. 邻避设施的种类研究

邻避设施是当地居民抗议兴建的对象,它具有公共善的正外部性和个人恶的负外部性特征。在国家的发展中,涉及兴建不同种类的邻避设施,邻避设施类型不同,产生邻避冲突的原因和民众的抗议要求就不同。

欧美学者对“邻避”问题的研究最初集中在典型的具有强烈负外部性的基础设施领域,如垃圾焚烧发电厂、填埋厂、火电厂等设施。可以看出此时对邻避设施的研究范围还比较狭窄。后来全球气候环境变差,人类意识到传统能源会给气候带来不利影响,于是努力开发新能源,如风能、潮汐能、地热能等,为生产清洁能源而有大批设施要兴建,但是在选址时往往会引起当地居民的反抗。学者又对这类设施的负外部性进行研究和探讨。

---

[1] 赵小燕:《邻避冲突的政府决策诱因及对策》,载《武汉理工大学学报(社会科学版)》2014 年第 2 期。

[2] 朱阳光等:《邻避效应研究述评与展望》,载《现代城市研究》2015 年第 10 期。

[3] 马奔、王昕程、卢慧梅:《当代中国邻避冲突治理的策略选择——基于对几起典型邻避冲突案例的分析》,载《山东大学学报(哲学社会科学版)》2014 年第 3 期。

之后，人们的物质生活水平提高，对环境的需求也有所提高，各种有可能对当地居民产生负外部性的设施增多。学者研究的对象也在向更多领域转变，呈多样化和广泛化的趋势，扩展到殡仪馆、地铁站、飞机场、戒毒所和休闲设施领域。欧美学者的研究视角比较广阔，对每一设施领域的研究都比较细致且深化，努力揭示出每类设施引发冲突个案的差异性和特殊性。

我国的经济发展较欧美国家比较落后，公民的物质生活水平也是在国家的经济建设中不断提升的。随着社会公众对生活环境质量需求的提高和公民权利意识的增强，公众普遍对建在自己居住地附近的基础类邻避设施不满，尤其是对于会引起环境污染的设施更是极力反对。研究此类问题的学者发现邻避设施的种类和公民的抗争程度有很大关系。

起初邻避设施的分类仍然局限在公共设施的范围之内。后来有些学者关注到，由于我国地方政府为提升当地生产总值，盲目追求当地经济发展，引进一些高污染项目落地，忽视了地方的环境承载力，使公民的环境权益受到了侵害。公众对于这种不会给自身带来直接利益的具有邻避性质的生产设施非常反对，认为这种设施会带来很高的污染而且没有必要兴建，抗争程度更加激烈。这种情况在我国台湾地区学者谭鸿仁的研究中首先被提到，之后有学者针对邻避生产设施与公共设施引起冲突的抗争程度之区别做了分析。

从文献统计来看，很多国内学者总体上对于邻避设施的研究主要集中在废物处理、PX 项目等方面，他们主要是针对某一类设施引发邻避冲突的案例来研究如何解决，或者是对这些邻避设施兴建引发的环境群体性事件如何治理展开研究。

3. 环境法学对邻避设施选址问题的研究

邻避设施兴建引发冲突主要是由于设施附近居民害怕因此可能给他们带来的环境风险。这种风险是附近居民的预期风险，所以公民的反对主要是发生在邻避设施选址的过程当中。经文献统计，国外学者研究邻避设施选址问题主要集中在燃料能源、环境科学、公共管理、城市研究和地理学等方面，国内学者则主要集中在环境科学、管理学、政治学和经济学方面。由此可见国内外学者对于邻避设施选址问题在法学方面关注得较少。[1]

因为邻避设施自身具有对外部环境的负外部性影响，我们可以得出的结论是邻避设施选址引发的民众与政府、企业之间的冲突应该和环境立法有极大关系，所以环境法学应对此问题予以回应。但是笔者经研究发现，国内外学者关于邻避设施选址的相关问题在环境法方面的研究论文并不是很多，中国知网上刊登的此方面的中文社会科学引文索引（CSSCI）方面的文章数量也很有限，主要集中在以下五个方面。

一是对环境正义展开的研究。如学者马格提认为："公民对邻避设施选址的抗争应看作公民为自身环境权抗争的环境正义运动。"[2]学者佩罗认为："实现环境正义应看成最终解决社会中各主体之间发生环境冲突的关键。"[3]杜健勋认为："从关注人类社会中环境与自然资源利益与负担之公平分配方面来看待邻避设施选址中的环境正义是正确方式。"[4]刘海龙认为："应从环境承认正义、环境分配正义和环境程序正义三个环境正义层次来分

---

〔1〕 钟宗炬等：《基于信息计量学的国内外邻避冲突文献研究》，载《风险灾害危机研究》2016 年第 2 期。

〔2〕 Mcgurty E. Maura, *From NIMAY to Civil Right*: *The Origins of the Environmental Justice Movement*, Environmental History, Vol. 2:3, p. 303 (1997).

〔3〕 Pellow D. Naguib, *Environmental Inequality Formation*: *Toward a Theory of Environmental Injustice*, American Behavioral Scientist, Vol. 43:4, p. 582 (2000).

〔4〕 杜健勋：《环境利益分配法理研究》，中国环境出版社 2013 年版，第 70 页。

析邻避设施选址中的民众冲突问题。”[1]

二是对环境利益衡平的研究。如美国学者瓦克斯·伦纳德非常关注环境公益与环境私益的衡平研究。他认为:“政府在邻避设施选址规划时应进行合理的规划,环境公益实现的同时对设施附近居民的环境私益也应该满足。”[2]美国法官在审理类似案件时也注重保护邻避设施附近居民的环境私益。刘莉教授认为:“应从邻避设施选址冲突中各主体不同的环境利益出发,分析环境利益失衡的原因并提出解决问题的进路。”[3]李启家教授表明:“我们应从环境法领域利益冲突的识别与利益衡平的原则方面对环境公益和环境私益之间的关系进行分析。”[4]

三是对公民环境权利保护方面的研究。美国当代著名学者彼得·S.温茨教授认为:“财产权和公民的环境权利有冲突时,公民环境权要放在优先地位,因为环境权应该属于人权范畴,不能因为欲实现国家的经济目标而予以妥协,财产权此时应该作出让步。”[5]张璐教授表明:“应从邻避设施选址地附近居民应享有的环境权利出发,研究这种权利诉求的分类、实现的路径选择和制度保障以及如何构建有效的司法救济渠道。”[6]

四是对公众参与方面的研究。如波普尔指出:“公民参与到

---

〔1〕 刘海龙:《邻避冲突的生成与化解:环境正义的视角》,载《吉首大学学报(社会科学版)》2018 年第 2 期。

〔2〕 Leonard Waks, *Environmental Claims and Citizen Rights*, Environmental Ethics, Vol. 18:2, p. 138(1996).

〔3〕 刘莉:《邻避冲突中环境利益衡平的法治进路》,载《法学论坛》2015 年第 6 期。

〔4〕 李启家:《环境法领域利益冲突的识别与衡平》,载《法学评论》2015 年第 6 期。

〔5〕 [美]彼得·S. 温茨:《环境正义论》,朱丹琼、宋玉波译,上海人民出版社 2007 年版,第 157 页。

〔6〕 张璐:《邻避冲突中公众环境权利保护的法律逻辑与路径选择》,载《江西社会科学》2016 年第 12 期。

邻避设施的选址决策当中有利于这些被他们认为对身体有害和引起财产贬值之设施的被接纳。"[1]拉贝认为:"应通过自下而上的公民参与决策和政治对话的强化来化解邻避设施选址中的民众冲突。"马奔等认为:"地方政府应该在邻避设施选址的规划中鼓励公众采取多样化的方式参与到决策中来,如民意访谈、召开社区会议和举行听证会等。这样能够加强政府官员、专家与社会公众之间的沟通,有利于选址的成功。"[2]

五是对利益补偿机制的研究。大多数国外学者较认同政府应该根据财政预算能力和企业的支付能力在邻避设施选址规划中对设施附近居民提供足够的经济补偿,以利于当地居民对选址予以接受而避免邻避冲突。[3] 我国大部分学者从现金补偿来研究,也有学者从其他补偿方面来研究。如我国台湾地区学者王奎明认为:"对邻避设施附近居民实施回馈金制度能使他们容易接受设施选址在其附近。"[4]学者闫映全认为:"应该在兴建邻避设施的同时在附近也建造一些居民欢迎的基础设施以利于缓解政府、企业与当地居民之间的矛盾。"[5]

除这五方面之外,还有一些国内外学者从政府环境责任、风险的预防与控制、社会稳定风险评估和环境治理等方面对邻避设

---

〔1〕 F. J. Popper, *Siting LULUs (locally unwanted land uses)*, Planning, Vol. 47:4, p. 14(1981).

〔2〕 马奔、王昕程、卢慧梅:《当代中国邻避冲突治理的策略选择——基于对几起典型邻避冲突案例的分析》,载《山东大学学报(哲学社会科学版)》2014 年第 3 期。

〔3〕 Peter A. Groothuis, Jana D. Groothuis & John C. Whitehead, *Green vs. Green: Measuring the Compensation Required to Site Electrical Generation Windmills in a Viewshed*, Energy Policy, Vol. 36:4, p. 1546(2008).

〔4〕 王奎明、张贤桦:《邻避设施回馈金制度:重塑政府公信力的路径借鉴——来自台湾的经验》,载《台湾研究集刊》2018 年第 1 期。

〔5〕 闫映全:《基础设施捆绑建设:解决邻避困境的新选择》,载《西部法学评论》2016 年第 4 期。

施选址问题进行研究。

（二）研究存在的问题

通过研究整理可以发现学者对“邻避”问题的成因进行了深入研究，明确了邻避设施的多种类型，对于如何治理“邻避”现象也提出了多种解决方式。但是环境法学对于“邻避”现象的研究较少，不够深入细致，基本上停留在环境权利保护、环境正义价值、环境利益衡平和在环境法原则基础上的治理方面，上述研究存在一些值得探讨和完善的问题。

首先，社会中邻避设施的种类较多，不同种类的邻避设施选址中主体间的利益冲突的生成原因是不同的。虽然有学者在研究中注意到了邻避设施选址中的冲突产生是主体之间利益冲突的结果，也仅仅是围绕环境公益与环境私益的冲突，并没有按照邻避设施的不同类型分析利益冲突的生成原因。邻避设施的类型划分是根据其特点的不同而区别开来的，每类邻避设施选址中利益冲突的生成原因和表现形式都是不同的，而且由于利益主体的多样性和邻避设施利弊共存的结合性使利益冲突的表现极为复杂。如果不能梳理清晰，对邻避设施作出明确具体的分类，则不能很好地对邻避设施选址中出现的利益冲突进行有针对性的分析，也就不能对不同邻避设施选址中出现的利益冲突进行有效的权衡与化解。

其次，对会引起污染风险的邻避设施研究较多，其他类设施关注较少。由于邻避设施的负外部性主要体现在对设施兴建地周围环境的污染上，这种环境污染会给设施附近居民带来身体健康受到侵害的威胁，所以学界研究中对于此类邻避设施还是比较重视的，研究也大多集中在这样的邻避设施方面，会引用社会中的一些真实的邻避案例来说明这种冲突的发生经过、原因以及如何进行法律规制。但对于易使人产生心理排斥的邻避设施，如殡仪馆、公墓、精神病院和戒毒所等设施关注非常少。我们应该看到，随着社会公众物质生活水平的提高，人们的精神需求也在增加，民众对周围环境良好的要求已经扩展到心理舒适的高级层面，这些设施的兴建在社会现实中确实也越来越受到民众的抵制，它们与污染风险型邻避设施在很多方面的表现是不同的，学界和社会都应对此类设施予以关注。

再次，法学研究与其他学科的关注点不同，主要研究的应是主体之间的法律关系。通过对邻避设施选址中主体间利益冲突的分析来规定不同主体的权利义务，避免权力主体对权力的滥用，维护弱者的权利，以便于主体都能发挥出自身最大的能力，在使彼此利益最大化的同时相互促进、相互制约。但是目前，法学研究中关于邻避设施选址的问题体现出碎片化的特点，有的是集中在公民环境权利的保护方面，有的是集中在政府权力的控制方面，对企业主体的利益甚少关注。这种研究方式不利于对邻避设施选址问题开展系统化的研究，因为每一类法律主体都是有利益存在的，我们必须对邻避设施选址中可能涉及的每类主体的利益以及主体间的利益冲突从整体上进行分析，进而规定这些主体的权利义务，对主体的行为起到法律上的指导作用。

最后，对于邻避设施选址中出现的问题而言，它们是由不同类型邻避设施选址中多种主体间的利益冲突所引发的，这就导致这种利益冲突的化解方式不可能是单一的。在学者的研究中对邻避设施选址中冲突的治理关注很多，但是治理方式基本就围绕着风险管理、公众参与和利益补偿几个方面，没有新意，过于简单，并且在立法和司法方面关注较少。邻避设施选址中利益冲突的解决必须要在权衡多种引发因素的基础上，根据主体的特点设计出多种可行的有效的方式来对这些利益冲突进行化解，而且为每类主体指明具体的有指导性和可操作性的化解方式。这样才能为主体的行为提供指导，对权力主体形成有效制约，进而推动立法和司法方面的完善，避免邻避设施选址中政府、企业与民众之间冲突的发生，维护社会秩序的稳定。

三、研究方法

环境法是为协调人与环境的关系应运而生的法律，其目的是通过人类的自我设限而实现人与环境的和平共处，达到彼此互相融合的最佳状态。当今社会邻避设施选址冲突不断发生的根源就在于人类在追求自我发展的过程中与环境产生了不和谐的因素，因此需要我们对这种社会现象中的不和谐因素进行剖析，对其中涉及的主体关系以及主体与环境的关系加以协调，以实现人类与环境的共赢。

根据上述指导思想，本书运用了语义分析方法、比较分析方法、规范分析方法、价值分析方法和法社会学分析方法。具体表述如下：

语义分析方法主要应用在本书对于一些重要概念的阐释中。由于本书的选题对象涉及的是有特殊含义的设施，需要对于它们的由来、渊源和内涵作出重要说明，在特殊的语境中予以准确定位。而概念是法学研究最基本的元素，基本概念的确定以及对其意义的阐释能够使内容主题鲜明，使接下来的分析更加准确。因此对于文章重要核心概念的语义分析显得至关重要。通过对“邻避”“邻避设施”等重要的概念进行精准定位和阐释说明，能对下一步的研究起到基础性的铺垫作用，使后文的详细研究更加清晰准确，使读者更易于理解与接受。

比较分析方法主要应用于本书对于邻避设施的分类和邻避设施选址中利益冲突的类型划分中。因为本书的目的主要是通过研究各种类型邻避设施选址中利益冲突的不同之处来化解冲突，所以需要通过对不同事物的考察和仔细比较，找到他们的异同，寻求其中的普遍性和特殊性，才能作出客观且正确的评价。本书就是按照邻避设施性质的不同而对其作出恰当的分类，并对每种邻避设施涉及的不同种类的利益冲突进行区分，分析每类利益冲突的产生原因和本质，找出它们之间的异同点，在对利益冲突进行分类的基础上进行权衡与化解。这种分析方法有利于对不同种类的事物进行准确的分析，并能根据其不同之处实施更加有针对性的解决办法。

规范分析方法主要运用在本书对我国目前和环境相关的立法规范的分析中。本选题主要是希冀从法学方面对邻避设施选址冲突予以解决，因此对当前法律法规的缺陷分析就显得极为重要，这样才能有针对性地进行合理立法。法学中的规范分析方法是以法律规范体系为研究对象，主要包括对法律规范和法律体系等方面的分析，是以法学原理为工具对法律规范所作的评价，是重要的分析工具。本书即针对当前立法规范中存在的行政权力过大、公民权利不足和司法救济缺失等情况进行分析，用法理学的相关知识指出法律规范的缺失以及不恰当之处，力求能推动立法的改革和司法的进步，促进公民社会的成长，以利于解决社会中出现的重要矛盾和冲突。

价值分析方法主要运用在本书对于某些邻避设施选址中主体间利益冲突的价值分析方面。本书是针对邻避设施选址中的利益冲突来构建合理的法律制度，实现社会的正当价值，这种法学研究其实也是一种价值选择的活动。价值分析方法是通过对众多社会现象的价值属性进行深入认知和客观评价，揭示或批判某种社会价值的方法。在本书中，运用这种方法通过对于某些邻避设施选址中主体间利益冲突的不同价值角度作出分析，有助于在价值正当的基础上采用权衡的方法加以选择，对法律主体在环境法方面的权利义务予以准确定位和合理分配，进而设计出更符合社会正义、更适合国家发展的法律制度以化解邻避设施选址中出现的主体之间的利益冲突。

法社会学分析方法主要应用在本书对于邻避设施选址冲突

这种社会现象的法律研究中。写作本书的初衷是希望对社会中频繁出现的邻避设施选址冲突这一社会现象通过法律的合理安排予以解决。而法社会学的研究方法是把法律置于其所处的社会环境之中,研究法律与社会之间的互动关系。这种研究方法注重关注的是现有法律和正在或者将要制定的法律所能产生的实际社会效果。本书通过对社会中的法律主体之间不同利益冲突的研究,对主体的权责进行合理的配置,设计出具体的制度方案来促使邻避设施选址冲突的消解。这样就能使法律成为一种良好的社会规范系统,在社会中取得实际的效果,促成并维护良好的人际互动关系,维持人类成员的共存与发展,以实现社会共同体的最大利益。

四、本书框架

本书以解决国家经济发展实践中邻避设施兴建引发的问题为导向,通过对邻避设施种类的确定,找出不同类型的邻避设施兴建中可能引发的公民环境利益与其他主体利益之间的冲突,分析它们形成的原因并予以权衡,对政府、企业和公民之间权责进行合理分配形成最佳的法律配置模式,设计出多元化的利益冲突的化解方式以达到利益的平衡,更好地保护公民的环境权,以便于指导我国社会主义现代化建设的实践。本书主要分四个章节来进行阐明,简要分述如下:

第一章"邻避设施选址中利益冲突的基本问题分析",其主旨是对邻避设施选址中利益冲突涉及的基本问题作出分析。首先,对"邻避"以及邻避设施的概念和种类进行确定与分析,把邻避设施分为不同的类型,主要分成两大类,即污染风险型邻避设施和心理排斥型邻避设施。污染风险型邻避设施又分为污染风险型公共设施和污染风险型生产设施,心理排斥型邻避设施又分为不宁适型公共设施和污名化型公共设施。其次,对利益的含义特征以及利益冲突的生成作出介绍。最后,选定公民环境权作为研究邻避设施选址中利益冲突的视角。本部分是全书研究的基础所在,对下文需要解决的主体利益冲突做了铺垫并有助于利益冲突类型的划分。

第二章“邻避设施选址中利益冲突的类型”,其主旨是研究不同种类邻避设施选址中主体利益冲突的划分以及表现形式。根据邻避设施类型的区分把邻避设施选址中引发的主体间的利益冲突总结为三种,分别是基于某种范围内主体数量差别而引发的利益冲突、基于主体对客体的利益差异而引发的利益冲突和基于价值取向的区别而引发的利益冲突。然后对各种利益冲突生成的原因以及利益冲突的表现形式进行详细的分析与研究,力图为下文中对邻避设施选址中利益冲突的权衡与化解提供理论基础。邻避设施选址中的利益冲突类型的分析作为重点研究内容,对上下文起到重要的承上启下作用,有着重要的理论意义。

第三章“邻避设施选址中利益冲突的权衡”,其主旨是权衡引发不同种类邻避设施选址中利益冲突的因素。本章先对邻避设施选址中利益冲突的权衡原则和权衡方法做介绍,然后研究引发不同种类邻避设施选址中利益冲突需要权衡的共性因素以及污染风险型公共设施、污染风险型生产设施、不宁适型公共设施和污名化型公共设施选址中利益冲突需权衡的个性因素。主要是把这些利益冲突权衡的原则与方法运用到不同种类邻避设施选址中的利益冲突权衡当中,并根据各类邻避设施的特点进行分析,目的就是为下文提供有针对性的化解方法作出铺垫,使文章的整体脉络更加清晰。

第四章“邻避设施选址中利益冲突的化解”,其主旨是对邻避设施选址中主体间的利益冲突提出科学合理的化解路径。本章先是为对邻避设施选址中的利益冲突进行事前防范合理分配主体的权责以形成主体间的制衡,即在多元主体联动参与的基础上,明确政府应正当行使公共管理权力并承担政府环境责任;公民应实现环境权;企业应承担环境社会责任。之后设计出化解邻避设施选址中利益冲突的四种具体路径,分别是协商方式、授权方式、补偿方式和司法救济方式。主要是立足于法理学和立法实践的研究,为邻避设施选址中利益冲突的化解提供理论以及实践中的指导。

本书四个章节之间遵循着一定的逻辑脉络,在对不同邻避设施选址中的利益冲突进行分类的基础上采用科学的权衡方法与化解方式,有助于现实中不同类型邻避设施选址冲突的解决。

第一章　邻避设施选址中利益冲突的基本问题分析

在城市发展过程中,越来越多的会给居民带来便利的设施和能够推动当地经济发展的邻避设施需要兴建。由于这些设施会给附近居民带来负外部性的存在,所以在其选址中可能会引起他们与政府和设施兴建企业的冲突,这种冲突从根本上说是主体之间利益的冲突。对邻避设施选址中的相关基本问题进行分析和明确,选定邻避设施附近居民的环境权作为邻避设施选址中利益冲突的考察视角,是研究邻避设施选址中利益冲突的前提和基础。

第一节　邻避设施的相关概念解析

邻避设施是本书研究议题的中心所在,接下来的众多研究都围绕它予以展开。我们需要对与邻避设施相关的概念加以分析,在国内外学者研究的基础上明确“邻避”以及邻避设施的含义及特征,为下文的论述做好铺垫。

一、"邻避"的含义及特征

"邻避"一词最早源于西方国家，是一个舶来词汇。对"邻避"的研究要从它的由来入手，分析国内外学者对"邻避"含义曾经展开的研究，再结合我国实践为本书要研究的"邻避"下一个准确的定义并对其特征作出分析。

（一）"邻避"的含义

鉴于"邻避"问题的大量出现，国外学者和国内学者都对其展开了如火如荼的研究，对于"邻避"问题的有些认识基本达成共识，但是还有一些不同之处。伴随城市化节奏的加快，"邻避"问题的研究也应有进一步的突破，得出适合时代发展的最全面且最准确的定义。

1. 国内外学者对"邻避"含义的研究

国外学者对"邻避"一词最先由谁提出有两种说法：一种说法是英国记者埃米莉·特拉韦利（Emilie Travel Livezey）1980 年 11 月在《基督教科学箴言报》上面发表了一篇文章，里面对当时众多美国公民普遍对化工垃圾等一些污染源强烈的抵触和排斥态度进行描述，之后被媒体与学界广泛引用。另一种说法是这个词语由 19 世纪 80 年代担任英国环境事务大臣的英国保守党政客尼古拉斯·雷德利（Nicholas Ridley）所创造使用并广为流传。

"邻避"的英文表述有很多种，最为大家所认可的英文全称是"Not In My Back Yard"，简写为"NIMBY"，翻译成汉语的意思是"别在我家后院"。[1]"邻避"一词提出后引发了国内外众多学者对该问题的关注。

戴尔（Dear）认为："'邻避'指的是对设施附近居民反对或抗

---

〔1〕 王佃利、徐晴晴：《邻避冲突的属性分析与治理之道——基于邻避研究综述的分析》，载《中国行政管理》2012 年第 12 期。

争行为的解释。它是居民为对抗可能侵害自身利益的设施而保护自己地盘的一种心态。"[1]伯宁汉(Burningham)认为:"'邻避'是当地居民虽然认识到设施兴建的必要性,但却反对将设施建立在自己居住区附近的一种心态。"[2]亨特(Hunter)认为:"'邻避'被当作居民对兴建设施不合理的自私狭隘心态的表达。"[3]克拉夫特(Kraft)认为:"'邻避'是当地居民对有可能给他们生活带来有害影响的设施的固执的、情绪化的反对态度。"[4]这一时期的大多数研究此问题的学者基本将"邻避"视为居民针对欲建在他们附近的被他们认为对自身有害的设施的强烈的反对态度。

1987 年,美国联合基督教会的种族正义委员会对美国的居民社区做了一项深入调查。他们发现种族原因使在邻避设施的兴建中美国白人与黑人力量悬殊,白人的抵制力量比黑人强大,具有较强的话语权,白人的抵制运动更能引起政府和企业的重视。因此在美国出现一种"白人习惯把垃圾堆放在黑人后院里"的现象,比如垃圾焚化厂、垃圾填埋场这样有明显环境负效应的设施经常在黑人居住区兴建。

沃伦在同年出版了一部著作,名为《必由之路:为环境正义而战》,在当时的学术界引起了极大反响。他在书中介绍了民众反对垃圾填埋场建设的全过程,提出了"环境正义"的概念,并且分

---

〔1〕 Michael Dear, *Understanding and Overcoming the NIMBY Syndrome*, Journal of the American Planning Association, Vol. 58:3, p. 289(1992).

〔2〕 Kate Burningham, *Using the Language of NIMBY: A Topic for Research, Not An Activity for Researchers*, The International Journal of Justice and Sustainability, Vol. 5:1, p. 56(2000).

〔3〕 Susan Hunter & Kevin M. Leyden, *Beyond NIMBY: Explaining Opposition to Hazardous Waste Facilities*, Policy Studies Journal, Vol. 23:4, p. 601(1995).

〔4〕 Michael E. Kraft & Bruce B. Clary, *Citizen Participation and the Nimby Syndrome: Public Response to Radioactive Waste Disposal*, The Western Political Quarterly, Vol. 44:2, p. 300(1991).

三个维度论证了承认正义、分配正义与程序正义。可以说环境正义理论的提出具有划时代的意义，它的产生标志着人权理论的进一步深化，推动了"邻避"的深入研究。[1]

一些国外学者又在环境正义的基础上提出了一些对"邻避"含义有价值的新观点。如学者马格提认为："'邻避'是公民为争取环境平等权而进行的环境正义运动。"[2]佩罗认为："'邻避'就是为环境冲突提出解决办法的环境正义运动。"[3]这一时期的学者基本将"邻避"界定为公民由于公共设施和生产设施负外部性导致的风险和利益分布不均衡，为维护和争取自身环境权益而采取的行动。

我国台湾地区属于较早对"邻避"问题进行研究的地区。我国台湾地区李永展教授把英文中的"Not In My Back Yard"译作"邻避"，并把其与"NIABY"相区别。"NIABY"是英文中的"Not In Anybody's Back Yard"的缩写，译作"不要在任何人后院"。李永展教授认为："邻避"的产生是由于都市公共服务设施的建造而对周围生活环境、当地居民的健康和生命财产可能造成一定程度威胁的负外部性，而"NIABY"是设施附近居民因否定设施的负外部性而不希望其兴建在任何地方的现象。所以他对"邻避"下的定义是："设施兴建地居民认同设施兴建的必要性，但拒绝其建在自己家附近而予以抵制的现象。"[4]另一位台湾地区学者谭鸿仁指出："'邻避'是在社会实现现代化发展过程中，诸多大众集体消费的公共设施和非集体消费的生产设施兴建都会遇到的因设施

---

〔1〕 刘海龙：《邻避冲突的生成与化解：环境正义的视角》，载《吉首大学学报（社会科学版）》2018 年第 2 期。

〔2〕 Mcgurty E. Maura, *From NIMAY to Civil Right: The Origins of the Environmental Justice Movement*, Environmental History, Vol. 2:3, p. 303(1997).

〔3〕 Pellow D. Naguib, *Environmental Inequality Formation: Toward a Theory of Environmental Injustice*, American Behavioral Scientist, Vol. 43:4, p. 582(2000).

〔4〕 李永展：《邻避症候群之解析》，载《都市与计划》1997 年第 1 期。

负外部性而招致当地居民反对或抗争的现象。”

我国大陆一些学者也对“邻避”进行了大量的研究。南京大学副教授陶鹏认为：“‘邻避’是一种设施兴建产生的正面效益被社会公众所享有，负面效应被设施附近民众所负担，当这种负面效应达到一定程度时就会演变成集体行动的现象。”〔1〕浙江财经大学教授杨雪锋指出：“‘邻避’是设施兴建地附近居民担心某些设施对自身生命健康等带来的负面影响，而产生的嫌恶情结和由此滋生的‘不要建在我家后院’的心理态度。”〔2〕上海同济大学的诸大建教授为“邻避”作出了详细的界定。他认为：“‘邻避’现象指政府部门在靠近公民居住区的地方，进行规划和建设产生一定社会和环境影响的公共设施时和当地居民发生的冲突。”〔3〕陈宝胜教授认为：“‘邻避’是社会经济快速发展背景下因兴建的设施成本和效益分布不均而引起的社会主体间的利益冲突。”〔4〕

2. 本书对“邻避”含义的认定

我们知道，概念意义是对客观对象本质特征的反映，它的发展也一定是理论和现实进行互动的必然结果。

在国内外学者对“邻避”含义的研究中，这种发展主要表现在“邻避”含义外延的扩大和“邻避”诱因的增多等方面。比如某些设施对自然环境和居民健康造成的事实危害已不再是导致当地居民发起抵抗行为的唯一原因，公民对潜在环境安全风险的担忧、对环境权的维护、对政府政策与科技水平的质疑态度或心理

---

〔1〕 陶鹏、童星：《邻避型群体性事件及其治理》，载《南京社会科学》2010年第8期。

〔2〕 杨雪锋、章天成：《邻避态度与邻避冲突——以杭州下沙沿江新建变电站项目为例》，载《城市问题》2015年第12期。

〔3〕 诸大建：《“邻避”现象考验社会管理能力》，载《文汇报》2011年11月8日，第5版。

〔4〕 陈宝胜：《公共政策过程中的邻避冲突及其治理》，载《学海》2012年第5期。

情结都可能会成为“邻避”现象产生的诱因。

国外学者对“邻避”含义的研究主要分两个阶段:第一阶段研究此问题的学者将邻避现象视为一种非理性、情绪化并且自私自利的反应,后一阶段的学者基本肯定“邻避”的积极意义,将其看作公民维护和争取自身环境权益的行为。

中国学者的研究较为细致,从不同的角度对“邻避”含义作出了研究,作出了较大的学术贡献。这些研究促使各国政府正视个人利益与公共利益的冲突,在设施选址的政策和相关立法中有所体现。

但是国内外的学者对“邻避”含义的研究有一定程度的片面性,即只是从某一个或两个角度对“邻避”进行描述或概括。笔者认为,只有对“邻避”含义进行全面的阐释才有助于对“邻避”现象更好地了解,也有助于对“邻避”现象中产生的利益冲突更准确地分析。

因此,笔者在以上学者对“邻避”所作含义的基础上,尝试性地为“邻避”下一个较为全面的定义:“邻避”是指在一定社会经济的发展背景下,与某些公共设施或生产设施有一定地缘关系的公民群体,因设施兴建而与政府或生产企业产生利益冲突,为维护自身环境权益而进行的一系列斗争行为的现象。

(二)“邻避”的特征

从“邻避”的定义可以看出,“邻避”具有以下几个特征,即时代发展要求的必然性、主体利益的不一致性、邻避居民的特定性和邻避居民的抗争性四个特征。具体阐述如下:

1. 时代发展要求的必然性

综观世界各国的邻避现象,都可以说是城市历史发展的必然性产物。美国的《纽约时报》曾把20世纪80年代的美国描述成一个“邻避时代”,其产生与美国工业化的高度发展息息相关。

中国目前已经迈入类似于西方发达国家曾经经历的工业经

济飞速发展阶段,城市化进程的加快必然伴随大量公共设施以及生产设施的投入使用,这样既能集中处理整个区域内大量的社会公共业务,又能提高当地的经济效益和社会效益。

而在市场经济不断发展的过程中,我国的法治建设也在不断健全,公民在面对日益恶化的环境和逐渐濒于消失的资源时,权利意识有了很大的提高,不仅体现在对政治、经济和社会的诉求方面,对于环境保护的诉求也在日渐增多,这必然会导致"邻避"现象的发生。

所以说"邻避"是时代赋予国家城市发展的必然产物,是每个国家都会在发展进程中所遇到的现象,有其产生的必然性。

2. 主体利益的不一致性

政府是公共决策和公共管理的主体,它为服务大众所兴建的公共设施所追求的是公共利益,为推动当地经济发展所允许企业建设的生产设施追求的是区域经济利益,从某种程度上也是为了国计民生的需要。

企业需要生存发展,需要获得更多的经济利益,企业的发展也会带动就业和当地的经济发展,向国家缴纳更多税收,使老百姓的生活水平有整体上的提高。

从整体意义上来看,社会公众希望兴建满足他们生活需求的某些公共设施,因为这能使他们从设施兴建产生的正外部性中获得利益。但设施兴建地附近的居民却要独自承受由于设施兴建导致的环境污染、健康受损和房价贬值等负外部性。他们希望改变这种不公平的现象也是对自身居住环境具有的正当环境利益诉求。

社会主体之间利益的不一致性导致他们之间利益冲突的产生,形成了强弱程度不同的利益格局。利益的冲突如果不化解最容易产生对抗,所以政府、企业与公民之间需要对这些利益冲突进行协调。

3. 邻避居民的特定性

邻避居民指的是和某些公共设施或生产设施有一定地缘关系，担心设施给自己带来不利影响的居民群体，有少数英文文献称他们为“NIMBYer”。一般来讲，受到设施不利影响的居民范围包括：正在建设或已建成设施影响范围内的居民和正处于筹划、决策、选址阶段还没有正式建设的设施影响范围之内的居民。

值得注意的是，居住在设施兴建地周围的居民也不一定都属于邻避居民，因为如果居民不认为某类设施的兴建会使自己的居住环境受到不利的影响，也不想参与维权或为维权付诸行动，他们就不属于我们所说的邻避居民。

我们可以认为，邻避居民一定是与已经或计划建设的公共设施和生产设施有一定的地缘关系，也一定是因邻近这些设施所受到的不利影响所愿意抗争维权的居民，其他没有一定地缘关系且不认为自身受到设施负外部性不利影响的居民不属于邻避居民，不是“邻避”现象的主体。

4. 邻避居民的抗争性

“邻避”现象集中反映为当邻避居民对邻避设施兴建可能带来的污染风险、心理不适或财产贬值等严重破坏他们自身利益的问题有负面感受时，他们就会采取抗争行为来维护自身的正当权益。

邻避居民的抗争具有一定的正面影响。这种抗争是出于对人的生存健康权利的维护或是对环境权益的要求，都是一种追求自身正当权利、维护公平正义社会价值的正当行为，具有一定的正义性。

但邻避居民的抗争也会引起一定的负面效果。有些重大项目往往因邻避居民的过度维权而搁置，造成一定的经济损失，使社会的公共服务受到影响。而且邻避居民通常会以聚众抗争的形式来表达强烈的不满，夸大自身权利的正当性，忽视权利的限制性，盲目过度地追求自己的权利，做出违反法律和损害公共利益的行为。

所以“邻避”现象的最终解决需要政府在决策中适用正当程序，需要企业自身进行严格的污染管理，同时也需要社会其他主体都参与其中来疏解人们的抗争情绪，以此减少设施兴建的阻力，避免不必要的损失。

二、邻避设施的含义及特征

国内外学者在“邻避”现象出现时就对邻避设施的含义和特征展开了大量的研究，主要集中在邻避设施的特性和影响方面。我们需要在这些研究的基础上对邻避设施的含义和特征予以确定。

（一）邻避设施的含义

经过上文的分析，我们已经对“邻避”的含义作出了解读。“邻避”产生的最主要因素是由于公民对于兴建在自己居住地附近的设施所带来的负外部性仅由自身承受感到不满，而“邻避”问题的出现是围绕邻避设施而产生。由此可见，邻避设施是“邻避”的直接对象，我们需要明确的是何谓邻避设施以及它具备的特征。

1. 国内外学者对邻避设施含义的研究

1977年，美国学者奥黑尔（O'Hare）在《公共政策》上公开发表的《你不要在我的街区：设施设址和补偿的战略重要性》一文中首次对那些能够带来整体性社会利益却会对某一地区居民产生不良影响的设施进行描述，他认为这些设施主要集中在垃圾掩埋场、核废料储存场以及焚化炉上面。[1] 这些设施可称为邻避设施。

我们可以认为奥黑尔最早指出了邻避设施的内涵。他认为

---

〔1〕 Michael O'Hare, *Not on My Block You Don't: Facility Siting and Strategic Importance of Compensation*, Public Policy, Vol. 25:4, p. 412(1977).

国家在提高社会整体福利的过程中必然要兴建大量公共设施，这些公共设施一定会存在某种程度的负外部性。但是奥黑尔认为邻避设施指的是服务大众的城市建设所必需的可能会对当地居民生命健康和生活环境产生不良影响的公共设施，范围比较狭窄，仅仅特指一些垃圾废物的存放及焚烧设施。

从某种程度上讲，奥黑尔对于邻避设施的界定奠定了其所具有的内涵基调，之后对此类问题进行研究的相关学者基本也是围绕他对“邻避”定义里所描述的特征进行归纳或强调其特征的不同侧面。

学者弗瑞认为：“邻避设施不仅含有公共之善也具备个人之恶，所以遭到设施兴建地附近居民的强烈反对。”[1]这种定义指出了邻避设施本身具有的公共善与个人恶的重要特点，这也是被当地居民反对的原因。学者波普尔则认为：“为经济发展的进步和创造人类美好的生活环境，必须要兴建诸多满足公民生活需要的公共设施。这些公共设施根据性质的不同产生的负面影响程度也不同，设施兴建地附近居民在感受到设施可能会对他们产生健康或环境上的威胁时必然会反对。”[2]这种阐述说明了邻避设施兴建的必要性，也认识到了邻避设施负外部性影响程度的差别。

中国学者也对邻避设施的含义作了大量研究。有学者从邻避设施的公共效用方面为其下了定义。如李永展教授认为：“邻避设施虽然因为具有的负外部性不被当地民众接纳，但是它们却

---

〔1〕 Bruno S. Frey, Felix Oberholzer – Gee & Reiner Eichenberger, *The Old Lady Visits Your Backyard: A Tale of Morals and Markets*, Journal of Political Economy, Vol. 104:2, p. 1298(1996).

〔2〕 F. J. Popper, *Siting LULUs (locally unwanted land uses)*, Planning, Vol. 47:4, p. 13(1981).

能满足民众生活所需,所以是不能缺少的。"[1]大多数学者从邻避设施的正面和负面效应相结合的方式来为邻避设施下定义。如陈锡镇教授认为:"邻避设施就是为地区民众进行服务或是推进当地经济发展而兴建的,但是会对设施附近居民存在健康受损和财产贬值的负面影响。"学者陶鹏、童星则认为:"邻避设施为成本由少数人负担的设施,但利益却被社会大众所享有。"[2]学者郑卫指出:"邻避设施是具有负外部性效果的公共设施。这类设施产生的效益为广大民众所共享,但带来的如电磁辐射、空气污染之类的负外部效应却由设施附近的居民所承受,因此很容易招致居民抵制。"[3]学者陈宝胜表明:"我们应从公共效用和成本负担方面把邻避设施看成对整体区域存在公共效用但负外部性成本却由周边居民承担的受到反对的设施。"[4]

2. 本书对邻避设施含义的认定

综合国内外学者对邻避设施含义的研究,我们发现他们对于邻避设施的界定有相同之处,即突出这一类设施的双重特性:增进公共福利,同时也带来负外部性,而且负面效应由设施周围居民承担。这种成本与收益的不均衡分布致使其容易招致设施兴建地附近居民反对。

中外学者对邻避设施研究的不同之处在于:我国学者对邻避设施含义的外延有所扩大。多数国外学者和我国台湾地区学者把邻避设施定位为公共设施,但是随着大陆学者对研究的深入和社会上出现的一系列对设施负外部性不满的抗争行为,邻避设施

---

〔1〕 李永展:《邻避症候群之解析》,载《都市与计划》1997年第1期。

〔2〕 陶鹏、童星:《邻避型群体性事件及其治理》,载《南京社会科学》2010年第8期。

〔3〕 郑卫:《我国邻避设施规划公众参与困境研究——以北京六里屯垃圾焚烧发电厂规划为例》,载《城市规划》2013年第8期。

〔4〕 陈宝胜:《公共政策过程中的邻避冲突及其治理》,载《学海》2012年第5期。

也逐渐扩展到能推动当地经济发展的生产设施。这类生产设施的兴建由于缺乏显而易见的公共性质而又具有极大的负外部性，最容易引起邻避居民的维权抗争。所以我们不能把邻避设施仅定位于服务社会大众的公共设施，否则可能会将由兴建生产设施引发的主体冲突之治理带入误区，不利于这类设施引发冲突的解决。

我们从实践中也可以看到，虽然邻避设施被大众认为会对周边居民产生负外部性的不利影响，但这种负外部性影响在科学与实践方面都没有确凿的证据，这些设施的负外部性所产生的影响是否存在还具有一定争议，容易被公众想当然地夸大，所以我们不能完全肯定这些设施的负外部性或者认为科学技术一定不能消除这种负外部性。

另外，我们虽然肯定了邻避设施会给社会带来整体利益，但如果它在建设和运营中所产生的负外部性成本过大，如对生态环境的破坏和对公民身体健康的不利影响，却选择性地忽视它所带来的破坏性质，导致设施的收益净值可能为零或为负，那么这种设施就没有建造的必要。也就是说，我们要看到邻避设施具有的两面性，不能单单考虑邻避设施建造的必要性，也要综合考虑其他因素。

综合上述分析，我们可以对邻避设施作出一个较为全面的定义：邻避设施是能对多数群体产生某种利益，但设施运作带来的负外部性会对附近居民产生不利影响，因而受到邻避居民反对的一切有着潜在风险及危害的公共设施及生产设施。

（二）邻避设施的特征

我们可以从邻避设施的定义中总结出，邻避设施具有四个特征，它们分别是：邻避设施种类的广泛性、成本与收益分配的不均衡性、一定程度的负外部性和主体价值判断的差异性。

1. 邻避设施种类的广泛性

邻避设施指的是一切有着潜在风险及危害的公共设施及生

产设施，种类多种多样，体现在居民生产生活中的方方面面。

公共设施具有满足公共需求的功能，能为公众生活进行服务，有设置的必要性，但同时其所造成的环境污染后果往往是由邻避居民承担。这些设施主要有垃圾填埋厂、垃圾发电厂、污水处理厂、变电站、通信基站、殡仪馆、墓地、精神病院和戒毒所等。

商业性生产设施是指为一部分群体谋求利益，能推动区域经济发展的设施。这类设施往往可以获得巨大经济利益，但是容易造成恶性污染，破坏当地生态环境，损害人的生命健康，如核电站、大型水电站、PX 项目化工厂和造纸厂等设施。这类设施由于不具备某种公共性质，更容易招致邻避居民的反对。

由此可见，邻避设施种类广泛，包括公共设施和生产设施。既涉及会产生实质污染的设施，也包含使居民感到排斥的设施。要想从根本上解决因邻避设施引发的利益冲突，就需要按邻避设施的种类进行划分。

2. 成本与收益分配的不均衡性

邻避设施的兴建能为社会公众或某些企业群体带来社会经济效益，满足社会整体发展的需要以及公众对较高生活质量的追求。其公共效用具有大众性，就是说设施所产生的正面效应被更大范围内的民众所享有，而不是被设施附近居民独占。但是设施所产生的负面效应却很少波及离设施较远的民众，仅仅会影响设施周边居民，甚至会影响他们的身体健康或生命安全等根本利益。这种利益为社会大众共享，但成本却由周边的少数民众承担的设施使大多数人“搭便车”得到好处与少数人的利益被剥夺形成对比。

我们可以看出，邻避设施的兴建确实能满足一定范围内公众的需求，但是其带来的负外部性成本却需要设施周边居民承担，这也体现了公共政策制定过程中公共利益的悖论。[1] 这种现象基本上是由于社会发展进入一定阶段而产生了对此类设施的需要与现实中此类设施的不足或不存在的矛盾，导致了邻避居民与作出公共决策的政府和追逐经济效益的企业间的利益冲突。

3. 一定程度的负外部性

邻避设施所产生的负外部性从一般意义上来讲会局限在较小的区域范围内，但是有些邻避设施所产生的负外部性也可能会在较大区域的空间里产生影响，如邻避设施引起的大范围的环境污染。

邻避设施兴建所带来的负外部性会呈现出多种样式，可表现为使附近居民在身体上、物质上和精神上受到的损害，还可表现为降低当地居民房产的价值、因环境污染而造成的当地居民生活品质的下降、当地社区整体形象的破坏和社区预算与服务的增加等。

邻避设施所产生的负外部性会持续相当长的一段时间。因为邻避设施一般由政府或企业斥巨资兴建，往往耗费较多的人力和财力，不可能只运行一段时间就停止。而且有的邻避设施还具有潜在的危害性，比如 PX 项目化工厂、核电站等设施可能会对附近居民产生严重持久的身体危害。要想消除邻避设施带来的这种负外部性则需要政府的科学决策以及企业在相关技术上的攻破。

4. 主体价值判断的差异性

大多数邻避设施的安全问题或者环境影响都具有较强的专业性。政府和企业比较认可专家的意见，他们认为专家对邻避设施涉及的项目是否可行有技术上的权威性，他们得出的结论是经

---

〔1〕 陈宝胜：《邻避冲突基本理论的反思与重构》，载《西南民族大学学报（人文社会科学版）》2013 年第 6 期。

过了专业知识的科学论证而评估得出的专业意见，具有极强的正确性，不应该受到公众的质疑。而且开发商一般掌握设施实际的运行状态以及如何治理负外部性的真实信息，他们往往认为设施的兴建不会造成过大的负面影响，即使有也是能够从技术或管理方面予以消除的。

对于公众来讲，尤其是设施兴建地附近的居民，他们本来就对设施治理污染不甚了解，个别的甚至因信息公开不及时、不充分而直至设施兴建才知晓是什么样的设施将建在自己周围。而且公众本就缺乏针对设施项目的专业知识，他们只考虑自身的生命健康和财产是否会贬值的问题，其对邻避设施的看法往往与科学专家的意见不一致，相较邻避设施能带来的社会效益，他们担忧的是设施可能会给他们带来的负面影响。这就会导致政府、企业、专家与社会公众之间的价值判断有巨大差异，导致他们之间发生激烈的冲突。

第二节 邻避设施的分类

近年来，我国因“邻避”现象引发的冲突进入高发期，而且群众反感的邻避设施种类也在增加，维权意识空前高涨。针对这些设施负外部性的诉求和抵触程度的不同之处，政府和企业对这些设施选址时需要考虑的问题和具体的应对方式也相应地会有所不同。

要想妥善解决“邻避”现象引发的冲突，我们有必要对邻避设施进行分类。通过邻避设施的类型划分，能明确因邻避设施兴建引发利益冲突的主体以及主体的诉求，为政府的选址决策、法律规定、监督管理以及应对措施方面提供有益政策引导；为企业正确理解当地居民诉求、加强企业风险管理和提高治理污染水平提供正确管理方向；为公民采取合法维权方式，有针对性地向政府和企业提出要求提供明确诉求对象。这种按类型划分的方式也有利于对由各类邻避设施可能引发的利益冲突进行分析、预防和化解，针对因某种类型的邻避设施引发的冲突对症下药。

基于此，学者对邻避设施类型的研究也日益增多。如西方学者希夫利（Schively）根据对邻避设施的效用划分，将邻避设施分为带有"生活和财产质量相关"影响的公共服务设施和带有"潜在的环境与健康影响"的基础设施。[1] 我国台湾地区学者李永展教授按邻避效果的大小把邻避设施从轻到重划分为不具有邻避效果、轻度的邻避效果、中度的邻避效果和高度邻避效果四个等级。[2] 谭鸿仁教授按照邻避设施的效益惠及范围的不同将邻避设施主要划分为集体消费之必需公共设施与非集体消费之生产设施。学者陶鹏、童星据不同邻避设施所引发群体事件风险性质的不同，将其分成四类，分别是污染类设施、风险集聚类设施、污名化类设施和心理不悦类设施。[3] 陈宝胜教授根据设施对社会公共利益所具有的必要程度，将邻避设施分为必要类设施、或要类设施、鸡肋类设施和垃圾类设施。[4] 李敏教授根据邻避设施自身性质的不同把其划分为三类，分别是能源类设施、废弃物设施和社会影响类设施。[5]

这些学者虽分析角度各有不同，但都对"邻避"现象的学术研

---

〔1〕 Carissa Schively, *Understanding the Nimby and Lulu Phenomena: Reassessing Our Knowledge Base and Informing Future Research*, Journal of Planning Literature, Vol. 21:3, p. 256(2007).

〔2〕 李永展、何纪芳：《台北地方生活圈都市服务设施之邻避效果》，载《都市与计划》1995 年第 1 期。

〔3〕 陶鹏、童星：《邻避型群体性事件及其治理》，载《南京社会科学》2010 年第 8 期。

〔4〕 陈宝胜：《邻避冲突基本理论的反思与重构》，载《西南民族大学学报（人文社会科学版）》2013 年第 6 期。

〔5〕 李敏：《城市化进程中邻避危机的公民参与》，载《东南学术》2013 年第 2 期。

究和实际治理方面起到一定的指导作用。笔者欲在下文展开分析，就需要给邻避设施作出恰当分类，于是对我国近二十年来发生的典型邻避冲突中的邻避设施的名称、特性以及由此引发的代表性事件进行了整理。如表1.1所示：

表1.1 邻避设施名称以及近年来由此引发的代表性事件

设施名称	设施特性	近年来由此引发的代表性事件
垃圾焚烧发电厂	带来市区空气污染	2012年广州番禺区居民反建垃圾焚烧发电厂 2012年上海松江区居民反建垃圾焚烧发电厂 2014年杭州余杭区居民反建垃圾焚烧厂
垃圾处理厂	带来市区、县空气污染	2010年安徽六安舒城县居民反建垃圾处理厂 2011年北京西二旗区居民反建垃圾处理站
污水处理厂	带来市区、县、镇水污染	2017年四川简阳平泉镇居民反建污水处理厂 2018年海南海口琼山区居民反建污水处理厂
通信基站	带来市区、县电磁辐射污染	2015年福建福州某小区居民反建通信基站 2018年四川成都某小区居民反建通信基站 2019年山东菏泽某小区居民反建通信基站
化工厂	带来城市环境污染	2012年四川德阳市民反建什邡钼铜化工厂 2016年黑龙江大庆市民反建忠旺铝业化工厂
对二甲苯化工(PX)项目化工厂	带来城市环境污染	2007年福建厦门市民反对PX项目事件 2011年辽宁大连市民反对PX项目事件 2012年浙江宁波市民反对PX项目事件 2014年广东茂名市民反对PX项目事件
小型发电站、变电站	带来市区、县电磁辐射污染	2007年宁波海曙区居民反建澄浪变电站 2014年青海化隆县居民反建光伏发电站 2016年广州海珠区居民反建艺苑变电站
核电站、核燃料加工厂、核废料处理厂	带来城市核电辐射污染	2011年安徽彭泽市民反建帽子山核电站 2013年广东江门市民反建核燃料加工厂 2016年江苏连云港市民反建核废料处理厂

续表

设施名称	设施特性	近年来由此引发的代表性事件
大型水电站	带来区域环境污染	2004 年民众反建云南怒江水电站事件 2005 年民众反建三峡水电站事件
殡仪馆	带来周围居民心理不舒适感	2013 年广东化州丽岗区居民反建殡仪馆 2013 年山西临汾蓝天小区居民反建殡仪馆
公墓	带来周围居民心理不舒适感	2009 年北京某小区居民反建公墓 2016 年合肥市庐阳区北城居民反建公墓
精神病院	为特殊群体兴建、周围居民心理排斥	2006 年广东广州某小区居民反建精神病院 2009 年浙江杭州某小区居民反建精神病院
戒毒所、强制隔离治疗中心	为特殊群体兴建、周围居民心理排斥	2010 年(中国)澳门黑沙环区居民反建美沙酮戒毒所 2016 年陕西渭南华州区居民反建强制隔离治疗中心

通过表 1.1 列举的主要邻避设施以及由此引发的一些代表性事件，我们可以根据设施的特性和给邻避居民带来的负面性影响得出两个结论：

第一，如垃圾焚烧发电厂、垃圾处理厂、污水处理厂、通信基站、化工厂、PX 项目化工厂、小型发电站、变电站、核电站、核燃料加工厂、核废料处理厂和大型水电站这些邻避设施主要是因为存在污染风险受到民众反对，而如殡仪馆、公墓、精神病院、戒毒所和强制隔离治疗中心这些邻避设施主要是由于设施特性使民众产生排斥心理。

第二，像垃圾焚烧发电厂、垃圾处理厂、污水处理厂、通信基站、小型发电站、变电站、殡仪馆、公墓、精神病院、戒毒所和强制隔离治疗中心这些邻避设施属于民众生活所必需兴建的公共设施范畴，而化工厂、PX项目化工厂、核电站、核燃料加工厂、核废料处理厂和大型水电站则属于非民众生活所必需兴建但能推动经济发展的生产设施范畴。笔者根据上述分析认为，有污染风险的邻避设施包括集体消费之必需的公共设施与非集体消费的生产设施，而会使居民产生心理排斥的邻避设施属于公共设施，包括不能使人舒适安宁的不宁适设施和被社会群体所厌恶的污名化设施。

因此，本书中邻避设施的分类主要分成两大类，即污染风险型邻避设施和心理排斥型邻避设施。污染风险型邻避设施可分为污染风险型公共设施与污染风险型生产设施，心理排斥类邻避设施可分为不宁适型公共设施和污名化型公共设施。这种分类有助于分析各种类型邻避设施中的利益冲突以及对它们的权衡与化解。

一、污染风险型邻避设施

公众对易引起污染风险的邻避设施极为反对，因为它们会对其生命健康造成严重威胁。这种邻避设施包括民众所必需的公共设施和地方政府为推进当地经济发展而予以引进的生产设施。公共设施的兴建往往因惠及大众且其本身特有的公共性质相对较易为公众接受，但生产设施的兴建因公众认为自身不能获得直接的利益还承受较严重的环境污染因而很难被接受。

（一）污染风险型公共设施

污染风险型公共设施是可能会给附近居民带来一定污染风险的且为民众所必需的公共类设施，如垃圾处理厂、垃圾焚烧发电厂、小型火力发电厂、污水处理厂和通信基站等设施。它具有如下三个特点：

1. 污染风险一般局限于较小范围内

污染风险型公共设施一般会设置在市辖区、县等某一居民聚集地的较小范围内，存在一定的污染风险，如垃圾焚烧的尾气中存在有毒性的有机化合物二噁英，如果焚烧时不能有效分解将会随空气流通进入人的呼吸系统引发多种疾病甚至癌症；发电厂和通信基站运行中所带来的电磁辐射也会对人的身体健康产生一定有害影响。但是这些设施所带来的污染风险也仅仅会波及一小部分公众，局限于设施周边的特定范围之内，即只有附近一部分居民会受到污染的影响，污染风险所不能波及的稍远地区的居民不会受到污染的侵害或受侵害程度很低。

这种设施带来的污染风险因为只会存在于较小范围内，所以一般来说程度相对较轻，居民只是希望不要离自己太近，满足设施和其居住地之间相隔污染风险所难波及的距离即可。也就是说，居民不是反对污染风险型公共设施的兴建，只是不想建在自己身边。只要距离他们居住地有一定的距离，他们对于这种污染风险型公共设施的兴建还是能予以赞同的。

2. 政府履行公共服务职能的体现

政府是国家的行政主体，是对国家事务开展行政管理的执法机关，依法对国家的经济、政治和社会的公共事务进行管理属于其具有的根本职责和重要功能。由于公共设施提供的是公共享有的消费品，它具有非排他性和非竞争性，这种特性导致了其供给稀缺，所以必须依靠政府来组织生产和提供服务才能顺利解决。

政府对公共服务职能的履行涉及国家大量日常公共事务的处理，根本目的是为所有社会群体和阶层提供普遍的、公平的、高质量的公共服务，其反映了公共行政的本质，也体现了公共行政的基本内容和发展方向。

政府履行公共服务职能的形式多种多样，包括基础公共服务，如提供水、电、气、交通等基础设施服务；公共安全服务，如军队、警察、消防等服务；社会公共服务，如教育、医疗卫生、社会保障和环境保护服务等。

政府为居民兴建具有污染风险型的公共设施体现了政府履行

公共服务的职能。这些污染风险型公共设施的兴建属于政府为公民提供的基础公共服务和社会公共服务。政府为国家公民提供的这种社会公益性服务不仅是政府履行国家责任的体现,也是政府与公民良好合作关系的体现。

3. 为较小范围内民众生活便利所必需

公共设施是指由政府或其他社会组织提供的、给社会公众使用或享用的公共建筑或设备。这种设施是社会上的每一位公众都会必然需要的设施,与民众生活息息相关,无人能远离这种设施的使用。污染风险型公共设施即属于公共设施的一种,是每一个地区都必然要建造的设施,是每个地区居民所必需的设施,它虽然会带来一定程度的污染风险,但是由于拥有满足民众生活便利的特性和能带来惠及公众的益处也必须兴建。

污染风险型公共设施所惠及的范围只能是在较小范围内,仅仅能满足城市或乡村较小范围内居民的需求,绝不可能满足大范围内社会公众的生活需求,因为这类公共设施能满足的公众使用量是有限的。像垃圾焚烧厂只能解决较小范围内的一个或几个居民区的垃圾;发电厂的规模也有限,只能供较小范围内的部分居民区使用。而一个较大城市居民人数较多,不可能仅仅设置一个垃圾厂或发电厂,因为这样不能满足大范围内居民的生活需要,会导致居民的垃圾无处安放或供用电不足。所以,污染风险型公共设施只能是满足较小范围内民众生活便利所必需的设施,有兴建的必要性。

(二)污染风险型生产设施

污染风险型生产设施是指政府为推动国家或地区的经济发展而兴建的会给当地居民带来较高程度污染风险的生产类设施,如核电站、化工厂、水电站等设施。它具有如下三个特点:

1. 具有较高污染风险及较大经济价值的双重性

污染风险型生产设施一般会对周围较大范围区域内的环境产

生较高的污染，但同时也能为当地或国家创造较大的经济价值，具有较高污染风险和较大经济价值的双重性特点。

这些工程可能会造成严重的环境污染问题，对居民的生活产生巨大的影响。如核电站中的核物质一旦泄漏，其遗留物对环境可能造成极大的破坏。这些物质可能污染水源，进而使人畜受到危害。核燃料在爆炸中产生的放射性物质还会对人体产生有害作用，如果超剂量的放射性物质长期作用于人体，就能使人患上严重疾病。PX 项目生产过程中产生的苯、硫化氢是重要的大气污染物，群众往往认为这类项目具有潜在的环境危害性。

虽然这种污染风险如果采用先进的技术和严格的安全管理模式可以控制，但是与污染风险范围和程度较小的污染风险型公共设施相比，群众还是认为这种设施的危害将影响地区的大多数人，不能给自己带来直接收益，因此反对声音极高。

但是我们要看到污染风险型生产设施能带来巨大的经济价值，它能为当地甚至全国大部分地区带来经济效益，如能给政府缴纳更多的税费、提供多个就业岗位，拉动经济增长，进而提高地区甚至全国人民的总体生活水平。

2. 为推动地方经济发展而兴建

生产设施与公共设施不同。它不具有大众需求的必然性，属于非集体消费范畴。这种设施的兴建不是因政府欲满足大众公共服务的需求而建设，而是由于它能够给地方带来经济效益，所以地方政府支持其建设的设施。

污染风险型生产设施一般能为地方带来巨大的经济效益。各地政府为提升当地经济水平，往往会争相招商引资，希望项目能在自家落地。政府在引进这类项目时并不是没有考虑到这类设施可能会产生的污染风险以及因此会引起的负面影响，但往往因急于想加快当地的经济发展而忽视了环境污染问题。

我国地域广大，人口众多，东西部发展经济发展不平衡。有些地区经济落后，人民生活水平低下，相对于经济发展较高的地区重视的环保问题，这些地区可能更重视的是人们经济条件的改善。相较这些生产设施的引进可能带来的污染风险，它们所创造的效益往往会被置于优先地位。

所以污染风险型生产设施虽然是污染性极高的设施，仍然有地方政府愿意接受以推动当地经济发展。但是政府也应该考虑当地的经济发展状况、环境承载力和公民需求问题，慎重引进此类设施。

3. 设施的兴建能满足较大范围内公民需要

污染风险型生产设施一般能带来巨大的经济效益，满足整个地区、跨区域甚至全国民众的生产生活需要。如 PX 原料具有广泛用途，是现代社会日常必需品的化工原料，具有一定民生价值，对我国 PX 产业的发展具有重要的战略意义。大型核电站的建造能改变传统的发电方式，利用核能发电，实现大功率发电，解决大面积的供电的问题。尤其是在南方缺乏煤这种矿产资源、火力发电成本高的情况下，核电站的建造既节约能源，又能满足很多地区的用电问题。大型水电站的建设也能发挥出巨大的综合效益，优势非常明显。如三峡水电站的建成能抵御特大洪水的侵害，能提高三峡的过坝货运量，为西电东送工程的顺利实施发挥了巨大作用。

由此可见，有些污染风险型生产设施有其兴建的必要性，能满足较大范围内的公民需要。公众在抵制这类设施的兴建时也要看到其带来的长远利益，不能只片面考虑环境保护问题。

二、心理排斥型邻避设施

社会中的一些公共设施不会产生实质性的污染风险，但是其兴建会产生使附近居民心理上有排斥感的负外部性。这种公共设施包括使居民心理不舒适的不宁适型公共设施和为某类特殊群体而建被社会大众予以嫌恶的污名化型公共设施。

(一)不宁适型公共设施

不宁适型公共设施是指拥有满足社会大众需求的服务功能,但是令附近居民感到排斥,可能会产生实质性或潜在性心理不适和财产威胁的公共设施,如墓地和殡仪馆等。它具有以下三个特点:

1. 对设施的排斥由迷信思想引起

不宁适型公共设施由于其自身特性容易使周围居民感到心理不舒适,产生强烈的排斥感,他们对这类设施的反对原因和污染风险型公共设施的反对原因有质的不同。

污染风险型公共设施被群众反对是由于设施会引起周围环境的污染、损害人的身体健康和造成财产的贬值,而不宁适型公共设施被反对是由于居民心理原因引起的。比如,墓地被认为是鬼魂出没的地方,是去世的人居住的场所;殡仪馆是火化尸体的地方,是人肉身消灭之地,都会使人产生恐惧的感觉,这与中国人的传统文化习俗有关。古人普遍认为天地间存在神灵,也自然存在鬼魂。而且活着的人要在传统节日祭拜祖先,保证死去的亲人在另一个世界也能过上富足的生活。这种传统思想虽然属于迷信范畴,但也被不少人所承继。

2. 政府履行城市化管理职能的体现

政府在国家城市化发展的过程中拥有行政管理职能,这种行政职能既是一项民众赋予的权力,也是一种不可推卸的责任。殡仪馆、公墓的选址、运营和管理都是政府在城市化发展进程中行使行政管理职能的体现。

城市化进程是一个国家或地区在生产力发展和科学技术进步的带动下,由传统的以农业为主的乡村型社会向现代的以工业和服务业为主的城市型社会逐渐转变的伴随产业结构调整的历史过程。政府在此过程中更要认真履行自身的职能,为解决城市化发展过程中遇到的阻力清除障碍,为社会民众进行更好的服务,绝不能不作为或遇到阻力停滞不前,要想办法解决在这个进程中遇到的比较突出的社会问题。

在城市化进程中,很多原来的乡村地区居民有土葬习俗,自己不愿意也不想为去世亲人采取火葬的方式,但是城市的居民用地有限,一些空地还要留出来建造生产生活设施,而且火葬也绿色环保,是城市化后居民适宜采用的殡葬方式。这些设施的兴建不仅能解决城市用地问题,还能保证居民有向逝去的亲人表达哀思的去处。政府在兴建这类设施时就需要对城市的整体发展进行规划,这也是政府履行重要城市化管理职能的体现。

3. 为满足社会大众去世后需求而兴建

社会大众的需求多种多样,主要包括生活需求和生产需求。这些需求都是对于人的"生"而言的,但是每个人都会面临生老病死,即人对去世后肉身以什么形式安放或是怎样能向去世的亲人表达哀思、进行祭奠也是有需求的。大多数人死亡之后会选择火葬的方式并将骨灰留给后人,火化肉身的地方就是殡仪馆,骨灰存留的地方即是我们所说的墓地,城市的公墓就是公民存放亲人骨灰和对去世亲人祭奠的场所。

可以说不宁适型公共设施的兴建的目的就是满足社会大众去世后的需求。殡仪馆和公墓这样的设施是每个人都有可能需要的,任何人都不能置身事外。但是正因为这种设施与死亡相关,也会给设施周围民众造成心理方面的不宁适感。

所以政府在兴建这类设施时应尽量把周围民众的这种不宁适感降到最低,使这类公共设施真正做到既能满足社会大众需求,又能照顾到周围少数民众的心理,真正成为人人称道的惠民设施。

(二)污名化型公共设施

污名化型公共设施是指因社会大众对于某类群体有不良印象而反对建造在自家附近的该类人群集聚的设施,如精神病治疗机构、戒毒中心、社会流浪人员救助中心和监狱等机构。

1. 对设施的排斥因大众对生活环境需求的提高而引起

随着我国城市化进程速度的不断加快，居民的生活水平有了整体的提高，他们对生活的需求已不仅仅是解决自身的温饱问题，而是有了更高的利益需求。

城市居民希望自己生活在良好的环境当中，这种良好意义上的环境包括自然环境和社会环境。他们认为像精神病治疗机构、戒毒中心、社会流浪人员救助机构和监狱这些公共设施存在不安全因素，会对其人身安全造成威胁或者即使是没有真正的威胁也会存在相当程度的排斥感。因为社会公众普遍认为这些群体属于“不良”群体，会给周围群众带来不利影响，所以没有人愿意住在这些被污名化的公共设施附近。

对这类设施的排斥也是居民生活水平提高的结果。如果人们连物质方面的温饱问题都难以解决，是不可能上升到更高的精神需求的。人们对居住地适宜的社会环境的需求属于对环境利益更高层次的追求，政府在兴建这些污名化型公共设施时也要对附近居民的这种需求加以考虑。

2. 政府行使对弱势群体利益保护职能的体现

每个社会都会存在一些特殊的利益群体，这些群体或患有某种生理、心理疾病，或是因自身行为被社会惩罚，或是由于生活所迫没有救济而难以正常生存。这些群体属于社会中的特殊群体，处于弱势地位。他们一般不被社会大众所接受，大部分民众都希望远离这样的人群。

这就需要政府行使自身职能对这些弱势群体的利益予以保护。因为这部分群体原来也是正常人，只是因为某些特殊情况才变成不被社会所接受的一类群体。如果社会对他们给予善意的帮助和良好的关怀，他们可能就会变回正常人，像正常公民一样自食其力，通过自身劳动过上幸福的生活。

政府兴建这些被社会大众所污名化的公共设施是为保护这部

分弱势群体而行使公共管理职能的体现，是为这部分被社会大众所厌恶的群体找一个能治疗心理和生理疾病、对不能正常生活的人给予物质帮助或为曾经危害社会的人提供改过自新机会的地方。所以，从某种程度上讲，政府兴建这类公共设施是对弱势群体需求的回应，不仅能对这些群体予以保护，也对社会的安全稳定有重要的意义。

3. 为满足社会正义有兴建的必要

所谓社会正义，是对社会的基本权利与义务不作出任意的区分，在规范社会生活利益的冲突要求之间体现出恰当的平衡。[1]其从本质上来看属于一种社会大众所认可的正向的道德价值和道德追求，它能够代表人类社会发展进步的方向，体现人们对美好生活的向往。[2] 社会正义也是现代国家对社会制度设计和安排的依据。社会制度必须符合人们公认的价值标准，体现人类社会的基本价值理念，才能被人们所信服和认同，才能有利于人的全面发展和社会进步，真正成为衡量人类文明的尺度。

污名化型公共设施的兴建正是为了体现社会正义。政府因为这类群体有着不同于正常群体的弱势因素，尽量提供给他们得以正常生活的地方，能使他们获得来自社会的帮助。这样有助于他们回归正常生活，实现社会主体在经济活动当中最大限度的平等。

社会正义可以用来衡量一个国家的社会制度是否具备合法性。对社会正义的促进和维护也是中国共产党立党为公和执政为民的要求，关乎广大人民的根本利益，体现了我国社会主义制度的本质。所以说政府兴建污名化型公共设施能体现社会的整体正义，会对和谐社会的构建起到重要的作用，有其兴建的必要。

---

〔1〕 [美]约翰·罗尔斯：《正义论》，何怀宏等译，中国社会科学出版社 1988 年版，第 5 页。

〔2〕 陈泽亚：《经济人与经济制度正义：从政治伦理视角探析》，山东人民出版社 2007 年版，第 44－45 页。

第三节 利益与利益冲突

马克思指出:“人类为之奋斗的一切,都和他们的利益有关。”[1]利益是在人类社会生活中普遍存在的一个基本社会历史现象,既是社会发展的动力,又是社会矛盾产生的根源。所有复杂的社会关系都能从利益方面进行解释。

利益属于人类具有的天然且永恒的追求,这种对利益的追求可以推动社会的进步,有积极的一面;但是也极易引发社会矛盾,出现负面效应。人类社会的进步和发展就是在追逐利益和调节利益格局中形成的。

利益的广泛存在使人类之间的利益冲突无法避免,利益冲突与利益都可谓是人类社会所具有的普遍现象,伴随人类社会永续存在。

一、利益的含义与特征

利益是一切社会活动的核心和根本动力。随着社会的发展,利益依然会通过社会关系表现出不同的需要,是人类进行社会活动的动力源泉。

(一)利益的含义

在远古仓颉造字的时代,“利”从字面上指用刀收割庄稼,“禾”代表收割的庄稼,是人赖以生存的根本;“益”指水从容器中流出,表示一种盈满的状态,两个字都引申为多收、增加的意思。两者组成新的词汇时,指的就是“需要的满足”。这种解释与现代汉语词典中对利益的解释“好处”一致。

---

〔1〕《马克思恩格斯全集》(第1卷),中共中央马克思恩格斯列宁斯大林著作编译局编译,人民出版社1995年版,第187页。

“利”在六经之首的《周易》中出现215次，著名易学家高亨为《周易大传》注解时把“利”字解释为“利益”之利。这说明在中国远古时期，利益已经作为人们分析世间万物和探讨社会运行的规律。《史记·货殖列传》中记载，“天下熙熙，皆为利来；天下攘攘，皆为利往”，这句话生动地描述了利益同人们的关系，即利益与人们现实生活息息相关。[1]

利益的英文单词是“interests”，16世纪晚期在欧洲各国广泛使用。它代表着一种以自我保存和自我提高为动力的基本力量，激发着君主或国家、个人以及各类利益集团的行动。有时关系到个人时意义广泛，包括名誉、自重、光荣等利益；有时指为经济上的好处而进行的竞赛。由此可以看出，西方国家“利益”的最初含义与中国古代的最初含义是一致的。[2]

国内外学者也从不同角度对利益下了定义。美国法学家庞德从人类主观欲望出发，他认为：“利益是人们单独地或在集体中享有的欲望和要求，这种欲望和要求需在我们调整人类关系和人类行为时把它们考虑进去。”[3]法国的启蒙思想家霍尔巴赫则从利益客体的角度出发，他认为：“利益是每个人按自己想法认为能实现自身幸福感的必要东西。”[4]学者奥塔·锡克从利益目的角度出发，他认为：“利益是人满足一定客观需要产生的集中的持久的目的；或这种满足是不够充分的，以至于对其满足的要求不断地使人谋虑；或这种满足是引起人特别注意与不断重复的，有时也许是

---

〔1〕 严法善、刘会齐：《环境利益论》，复旦大学出版社2010年版，第25页

〔2〕 严法善、刘会齐：《环境利益论》，复旦大学出版社2010年版，第26页。

〔3〕 [美]罗斯科·庞德：《通过法律的社会控制》，沈宗灵译，商务印书馆1984年版，第83－84页。

〔4〕 [法]霍尔巴赫：《自然的体系》，管士滨译，商务印书馆1964年版，第271页。

更强烈的要求。"[1]

我国学者谭培文教授则从历史发展角度出发,他认为:"利益是人类历史上用来反映自身客观需要的物质生活条件关系的概念,利益应是社会历史发展过程的根据,是社会历史发展的本原,它属于最简单的也最抽象的范畴。"[2]孙国华教授从主客体关系方面对利益作出阐述,他认为:"利益是主体与客体间的一种关系,它是主体为满足自身需要而采取的有效措施,体现了主体对周围有意义事物的积极追求,构成了主体行为的内在动力。"[3]学者王伟光教授对利益研究的角度是社会关系,他认为:"利益,就是为满足主体需要而将一定的客观对象在主体间分配的社会关系形式。"[4]

综合上述学者对利益含义的研究,笔者比较赞同孙国华教授的观点,即利益是一定时代条件下主体与客体之间的社会关系,是客体对于主体需要的满足。

（二）利益的特征

从对利益含义的演化和学者的研究中,我们发现:随着社会发展,利益演变出了不同含义,但是无论如何演化却始终保持着一些共同的特征。

1. 主观性

人有主观上的欲望才可能会产生利益,没有了人的欲望需求,利益将无从谈起。德国学者耶林认为:"主张自己的生存是一切生物的最高法则,个人需要以利己主义为指导思想,国家利益的实现

---

〔1〕［捷］奥塔·锡克:《经济—利益—政治》,王福民等译,中国社会科学出版社1984年版,第263页。

〔2〕谭培文:《马克思主义的利益理论:当代历史唯物主义的重构》,人民出版社2002年版,第23-28页。

〔3〕孙国华主编:《法理学》,法律出版社1995年版,第60页。

〔4〕王伟光:《利益论》,中国社会科学出版社2010年版,第81页。

需要以强制手段把众多利己主义者引向共同的目标。”[1]利益与个人的主观需要息息相关,可以说是个人和团体为满足自身需要的主观意志,属于社会意识的范畴。[2] 所以说利益因人主观欲望和主观需要而产生,具有主观性。

2. 客观性

利益能满足人的主观需要,它具有一定的客观性,包含了物质上和精神上的内容。利益的客观性表明利益不是虚幻的,而是实际所存在的被人类所需要的东西。有学者认为:“利益从内容到形式都是客观的东西,利益是一个客观的范畴。”[3]利益的客观特性表明了人类主观需求的指向性。因为如果没有客观存在的对象,人类的主观需求将成为无源之水,不具有针对性。

3. 主客统一性

利益所体现出的内容是客观的,但表现形式是主观的。这种客观的内容和主观的形式是有机统一且不能分割的,仅有主观的人的需求和客观的物质精神都不是利益的题中之义。有学者指出:“利益虽然受客观事物的制约,但要想体现出利益的价值,一定是源于主体所需,否则没有任何意义,所以说利益是主观需要和客观事物的统一。”[4]利益的主客观统一性体现了利益主观性与客观性的结合,这两种特性共同构成利益,缺一不可。

4. 时代性

利益是历史发展的产物,反映一定阶段的社会物质生产关系。在人类历史进程中每一个时代都有其特定的社会物质生产关系,

---

〔1〕 孙文恺:《社会学法学》,法律出版社2005年版,第35-37页。

〔2〕 曾祥华:《立法过程中的利益平衡》,知识产权出版社2011年版,第18页。

〔3〕 曾祥华:《立法过程中的利益平衡》,知识产权出版社2011年版,第19页。

〔4〕 孙国华:《论法与利益之关系》,载《中国法学》1994年第4期。

如原始社会、奴隶社会、封建社会、资本主义社会和社会主义社会。在社会发展进步的过程中由于这些社会形态的物质生产关系不同,因此体现的利益也是不同的。当人类随着社会的发展在新的社会形态中对某种需求要求强烈时,新的利益就会产生。所以利益具有时代性的特点。

二、利益冲突的生成

利益法学表明:“一个国家的法律之所以产生,根本动因就是利益。法律、政策和命令的制定其实都是为了解决主体之间的利益冲突。”[1]利益冲突自古以来就一直在人类社会中存在,具有普遍性、长期性、多样性和复杂性等特点。它是人类主体由于多种利益矛盾而产生的纠纷和争夺。[2]

可以看出,利益因为有人类而存在,所以它在本质上属于社会关系的范畴。正是由于人类有多方面的需要,因此存在多种利益。多种类的利益在一定时代背景下地位会不尽相同,人们对某种利益的重视程度也会发生相应的变化。

(一)人类利益需求的多样性

人类在社会生产生活中有多种需求,包括经济利益的需求和非经济利益的需求。经济利益需求是指基于生产关系体系中的地位而形成的对产品和劳务的占有关系,是可以用经济价值来衡量的利益需求;非经济利益需求与人的主观性联系紧密,一般不能以经济价值作为衡量标准,有着多种表现形式。

美国学者马斯洛把人的需求分为五类,它们分别是生理需求、安全需求、社交需求、尊重需求和自我实现需求,这些需求依次从较低层次到较高层次进行排列。生理需求指人类最低层次的生理

---

〔1〕 孙文恺:《社会学法学》,法律出版社2005年版,第43页。

〔2〕 王伟光:《利益论》,中国社会科学出版社2010年版,第165页。

上的需要，即吃、穿、住、行等生存需要；安全需求指人对安全方面的需要，即希望自身未来生活能有保障，如免予伤害，免予受剥夺和免予失业等；社交需求指人希望得到彼此的关心和照顾，如情感归属；尊重需求指人们希望被尊重的需要，即每个人都希望社会承认其个人能力和成就；自我实现需求则是最高层次的需要，即最大限度发挥个人能力、达到自身理想实现境界的需要。[1]

从马斯洛的需求阶梯理论可以看出，越高层次的需求中非经济利益的成分就越多，但这些非经济利益的成分与经济利益密切相关，它需要以经济利益为主的低层次的利益满足后才能进一步展开。

利益需求是人类开展各种活动的动力源泉。利益动机保证了经济的发展、人类社会的进步、人类文明的演进和人民生活水平的提高。[2] 人类在社会生产生活中形成的多种利益需求和利益需求的群体促成了利益种类的多元化。

（二）时代背景下的利益冲突

利益可以说是日益维新的概念，时代精神的不同也造就了利益内涵的不同。利益的法律变迁是因应时代特征而形塑的。

古希腊罗马与中世纪的整体主义利益观，对后世具有深刻而广泛的影响。古希腊罗马社会的利益议题是围绕城邦展开的。因为城邦是古希腊罗马社会的基本社会结构，是公民发展人性、完善道德与达成利益的基本制度环境。个人是城邦重要的组成部分。由于个人需要依赖城邦而生活，就决定了城邦是个人生活中心所在，所以城邦的整体利益必定要优于个人利益，城邦利益维护和实现的关键在于个人利益的实现，也就是说公共利益一定优于个人

---

〔1〕［美］马斯洛：《马斯洛人本哲学》，成明编译，九州出版社2003年版，第52－58页。

〔2〕严法善、刘会齐：《环境利益论》，复旦大学出版社2010年版，第32页。

利益。[1] 这时期的人们坚信国家与政府之所以存在，其正当性的标准一定是公共利益。法律必须要以公共利益为目的。如苏格拉底认为："立法者应当为整个城邦谋幸福。"[2]西塞罗认为："创造法律是为了公民的安全、国家的长存和人们生活的安宁与幸福。"[3]中世纪时期利益观的核心基础依然是维护整体利益，只不过利益的思想打上了浓重的神学烙印。学者阿奎那认为："我们私人的利益各有不同，而把社会团结在一起的就是公共幸福……整个社会的任务应是有利于公共幸福的事务。"[4]

17 世纪到 19 世纪时期，社会契约理论与功利主义思想产生了利益分歧，更强调个人利益的重要性。17 世纪和 18 世纪，宗教改革促使个人权利勃兴，人们要为服从政府找到根据，这种根据既然与神无关，就只能定为契约所授予的权力。著名思想家卢梭认为："社会秩序属于一项不是出于自然而是建立在约定上的神圣权利，它为其他的一切权利提供基础。"[5]"只有实行法治的共和国才能称为公共利益的统治者。"[6]至此。卢梭将公共利益与社会契约完美对接起来，社会契约理论也成为当时主导的政治思想。19 世纪，世界进入自由资本主义阶段，工业革命带来了社会结构方面的深刻变化，社会利益格局也出现了根本性的转向，功利主义思想逐渐走上历史的舞台。边沁认为："公共利益由共同体中一些成员的

[1] [古希腊]修昔底德：《伯罗奔尼撒战争史》，谢德风译，商务印书馆 1978 年版，第 103 页。

[2] [古希腊]亚里士多德：《政治学》，吴寿彭译，商务印书馆 1965 年版，第 41 页。

[3] [古罗马]西塞罗：《国家篇·法律篇》，沈叔平、苏力译，商务印书馆 1999 年版，第 188－189 页。

[4] [意]阿奎那：《阿奎那政治著作选》，马清槐译，商务印书馆 1982 年版，第 45 页。

[5] [法]卢梭：《社会契约论》，何兆武译，商务印书馆 2003 年版，第 4－5 页。

[6] [法]卢梭：《社会契约论》，何兆武译，商务印书馆 2003 年版，第 48 页。

利益总和构成；如果不理解个人利益，那么谈论共同体利益将没有任何意义。”[1]密尔对边沁的思想作了一些修正，他认为：“个人自由应以不妨害最多数人达到最大幸福为前提，但应容许政府为管制侵犯他人的个人行为对个人自由适当限制。”[2]

19 世纪末至 20 世纪，新自由主义与社群主义展开激烈的论战。当世界资本主义进入到垄断资本主义阶段时，伴随它到来的是财富的聚集和社会的分化。当今社会经济危机爆发，民众运动风起云涌，这些事件被学者称为追逐个人利益的结果。后来社会思潮开始转向社会化，强调了公共利益的重要性。但是当公共利益社会化走得过远时，尤其是当官僚阶层利用公共利益作为推行他们专横意志的理论工具时，一些学者注意到这些现象，自由主义便复兴起来。这种新自由主义从自我利益与个体自由的立场出发，把个人权利看作人类与生俱来的天赋权利、一种道德权利和一种应然权利。哈耶克认为：“公共利益是由被我们认为是法律规则目的的东西所构成的，即整体意义上的抽象秩序；它的目的不在于实现已知和特定的结果，而在于需要作为一种有助于人们追求各类个人目的之工具而维持下来。”[3]20 世纪后半期，随着柏林墙的倒塌和东欧剧变，世界范围内的社会结构再一次深刻变革。社群主义再次兴起，这种思想认为：“如果不拥有社群主义世界观，个人权利便不会长久存在。”社群主义积极主张国家要参与社会进程，应摒弃中立立场。[4]

人类进入经济高速发展的 21 世纪以来，各种风险聚集。乌尔

---

〔1〕［英］边沁：《道德与立法原理导论》，商务印书馆 2000 年版，第 58 页。

〔2〕［英］约翰·密尔：《论自由》，许宝骙译，商务印书馆 1986 年版，第 11－13 页。

〔3〕［英］弗里德利希·冯·哈耶克：《法律、立法与自由》（第 2、3 卷），邓正来等译，中国大百科全书出版社 2000 年版，第 7 页。

〔4〕俞可平：《当代西方政治哲学的流变：从新个人主义到新集体主义》，载《社会科学战线》1998 年第 5 期。

里希·贝克指出："在这个风险社会里，这些新发的客观共同危险，在政治和经济意义上，迄今为止还在稀薄的空气里飘荡着。没有人为此负责。"[1]环境灾难的不断发生与资源枯竭的严重威胁使人类越来越认识到环境保护的重要性。

我们经对利益的分析得知，利益是主客体之间的关系，人类需要自然的供养来生存，需要在自然的环境中来发展。人类主体对环境这类客体存在利益方面的需要，而环境客体又能满足人类主体的需要。所以环境利益属于人类利益的重要内容，它是能满足人类需要的利益表达，也是在这种特殊时代背景下的利益体现。

从新自由主义与社群主义两种思想的论战中能看出，环境利益诉求是这种论战在当今时代的延续。前者坚定地维护个人权利和利益的优先性，主张通过市场机制来自发调节社会运转以自然达至有序的状态，即注重经济在自由状态下的发展。后者认为社会无序是由于政府做得太少，承担提供公共利益任务是政府的职责所在，如新时代下政府应承担起环境责任，保护和修复环境，从而增进个体利益。[2]

从上面的研究可以看出，人类社会在发展过程中，主体的利益越来越呈现多元化，很多利益都具有一定程度上的正当性，彼此也产生激烈的竞争。因此，不同利益主体之间与不同利益客体之间也逐渐形成新型的利益冲突。

第四节　邻避设施选址中利益冲突的考察视角

在邻避设施选址中，邻避居民认为邻避设施建在自己家附近

---

〔1〕［德］乌尔里希·贝克：《风险社会》，何博闻译，译林出版社2004年版，第31－34页。

〔2〕杜健勋：《环境利益分配法理研究》，中国环境出版社2013年版，第94页。

会影响他们的身体健康和造成周围环境的破坏,而他们自身对周围的生存环境享有一定的权益。所以他们与政府、企业发生了利益冲突,阻碍邻避设施的兴建。那么邻避居民是在维护自己的何种权利?这种权利是否合法?笔者下文将尝试作出分析。

一、邻避设施选址中利益冲突考察视角的选择

在邻避设施选址中,邻避居民是在维护自身的民事权利还是在维护自身的其他权利是一个重要问题,因为这会涉及他们维权行为的合法性。如果他们维护的是自身的正当权利,法律就应该予以保护,反之即为违法行为。所以邻避设施选址利益冲突中邻避居民选择正确的维权视角尤为重要。

(一)传统民事权利救济的缺陷

财产权、健康权和相邻权都属于公民享有的传统民事权利,这些民事权利在保护公民利益的很多方面起到了很大的作用,但是在邻避设施选址的利益冲突中公民是无法选择这些传统的民事权利来寻求救济的,因为这些传统的民事权利对于公民环境利益的保护方面有着自身的缺陷。

1.财产权救济的缺陷

财产权是人类社会发展进步中的一项重要的权利。学界通说认为财产权是一种所有权,它是指所有人对自己的财产享有占有、使用、收益和处分的权利。我国法律亦有明确规定,国家依照法律规定保护公民合法的私有财产权。从实质意义上来讲,财产权是具有经济价值,以能产生社会利益的财产为内容并可当作转让或者担保客体的民事权利,其可以用金钱计算价值,一般具有可让与性,受到侵害时需以财产方式予以救济。

由此我们可以得知公民财产权的主体限于现实地享有或可以取得财产的人,公民财产权的客体限于社会制度下法律允许私人可享有的物。如果一种物是公众所享有的,不是法律规定的私人

可享有的物，那么公民在因此类物被破坏而自身受到损害的情形下就不能以自身财产权被侵犯为由向侵害方提出诉求。

邻避设施选址中利益冲突的发生是由于邻避居民认为邻避设施的兴建将会对空气和水等周围环境造成破坏进而影响他们的身体健康或使他们的心理不舒适，他们想要对这种环境利益予以保护。那么如果公民认为邻避设施的兴建对环境的破坏是对自身财产权的侵犯，周围的环境一定是法律上所认定的可以为公民所私人享有的财产，公民才能以此为诉求寻求法律保护。但是空气、水等自然资源和环境、生态一样都属于公众公用物，是不特定多数人可以非排他性使用的东西或物品。[1] 它们很明显不可能为私人所享有，私人也不能在此之上享有财产权。

所以邻避居民对周围环境没有也不应当成立私法属性的所有权。也就是说邻避居民在因邻避设施选址在自己周围可能对其利益造成侵害时不能以自身财产权受损为由寻求救济。

2. 健康权救济的缺陷

健康权指的是公民为维护自身的生命活动，使其生理机能正常运作和功能得到完善发挥的人格权，是公民依法享有的身体健康不受非法侵害的权利。我国《民法典》第 110 条对公民享有健康权作出了明确规定。我国《民法典》第 1179 条也规定了对侵害公民身体造成伤害情形的应当予以赔偿。

在我国法律规定中，侵权行为有一般侵权行为和特殊侵权行为之分，但无论哪一种侵权行为，都必定要存在损害事实、损害结果以及两者之间的因果关系三个构成要件。因环境污染造成损害的情形属于特殊侵权行为，污染者应当承担侵权责任。但是如果公民因为环境污染而使自己的身体健康或心理健康受到侵害，也必须是在环境污染已经发生而且公民也因为这种环境污染受到了

---

[1] 蔡守秋：《论公众共用物的法律保护》，载《河北法学》2012 年第 4 期。

实质性的健康损害情形下,公民才能以健康权被侵犯为由向污染者提出诉求。

邻避居民认为邻避设施选址在自己居住地附近有很大可能会对自己的身体健康和心理健康造成损害,如有些邻避设施所产生的污染物会对空气和水等大气资源造成污染进而损害他们的身体健康,而有些邻避设施因其特性会使他们产生心理上的排斥感。如果他们想要以邻避设施的选址行为侵犯了其健康权为由寻求救济,这种邻避设施造成的污染必须是已经发生且已经对他们的身体或心理造成了实质性的损害,否则这种邻避居民认为的会侵害自身健康权的行为就会因为缺乏侵权构成要件而难以成立。

很明显,邻避设施的选址只是政府的一种既定规划,是否造成污染只是一种可能,并没有对邻避居民造成实质性的侵害。所以邻避居民在邻避设施选址可能对其造成利益的侵害时也不能以自身健康权受损为由寻求救济。

3. 相邻权救济的缺陷

我国《民法典》在第288条至第296条规定了民事主体之间的相邻关系,要求不动产的相邻方应处理好在排水、截水、通风、采光和通行等方面的相邻关系,当一方不利于相邻方或对其造成损失时须承担相关法律责任。我们可以得出相邻权是不动产的所有人或使用人在处理相邻关系时所享有的民事权利。

从学理角度上讲,相邻权这种民事权利是民法为调和邻接的不动产之利用,相互扩张自身享有的物权并限制相邻方不动产物权而设定的。[1] 所以相邻权的发生一定是在相邻方的物权能够支配的空间范围内,而且是以他人存在对特定空间的物权为前提条件。要想发挥相邻权协调双方关系的功能,首先要确定的就是相

〔1〕 谢在全:《民法物权论》,中国政法大学出版社2011年版,第176页。

邻人的不动产物权。[1] 如果公民欲以相邻权被侵犯为由寻求救济，必须是在侵害方对其不动产周围可支配的空间范围内享有私法物权的前提下提出。

邻避居民如果认为邻避设施选址在自己居住地附近会侵害他们的身体健康和破坏周围的环境，欲以相邻关系被侵害为由而行使自身的相邻权，也必须是作为不动产的邻避设施的兴建主体对于周围的大范围空间都有可支配的私法物权的前提下才可以。问题就在于邻避设施的兴建主体对于周围大范围的空间并不享有可支配的私法物权。

退一步来讲，就算这种邻避设施的兴建主体可以扩张不动产的物权，也应有一定的限度并仅限于要求他人合理使用，而不是对于设施外部大范围空间的私法物权。因为我国现行法律规定中构成相邻关系的前提是不动产毗邻存在，其设计之初就是欲最大化地配置资源和最大限度地实现经济利益而未考虑人们对美好环境的向往。也就是说，相邻关系法律制度的制定根本没有考虑到因“不可量污染物”排放而形成的“天涯若比邻”的特殊相邻关系。[2]

所以民法中所阐述的相邻关系应是具有某种关系的相邻，物理上也应该是较近的距离。否则，虽然我们不否认日本福岛核泄漏事件与我国山东沿海地区之间的相邻关系，但是依然无法用相邻权被侵犯为由寻求救济。因此，邻避居民在邻避设施选址可能对其造成利益的侵害时更不能以相邻权被侵犯为由寻求法律上的救济。

（二）选择环境权作为考察视角的正当性

上文所述的财产权、健康权和相邻权都属于私权性质的民事

---

〔1〕 陈国栋：《自然资源公平分配与分享视角下的环境权——基于哈尔滨小岭水泥公司诉环保部案的思考》，载《北京行政学院学报》2018年第2期。

〔2〕 吕忠梅：《关于物权法的“绿色”思考》，载《中国法学》2000年第5期。

权利,而经过分析之后邻避居民都无法以这些权利寻求救济。那么我们就不应该局限于在私权范围内寻求可能的救济方式,可以把眼界放宽到新兴权利方面看看是否有可以使邻避居民用来寻求救济的权利。

从权利的来源上看,这个词汇是17、18世纪资产阶级在反对封建统治的斗争中发明的武器,即"自然权利"。"权利""人权"为上帝或造物主赋予人的资格的观念得到广泛的传播。19世纪中期以后,"权利"被作为基本的法律概念总结出来。学界通说认为法理学研究的权利应当由法律明文予以规定,或者是包含于法律规范的逻辑当中,或至少是能从法律原则和法律精神中推定出来,或隐含于法律规范中,实现于法律关系中的主体以相对自由的作为或不作为的方式获得利益的一种手段。[1] 所以权利是人们根据社会发展的需要而创制出的合理的保护自身利益的概念,并且通过立法确定下来,因而受到法律保护。

随着社会的快速发展,人类对空气、水、景观等自然资源的过度消耗,破坏了我们赖以生存的自然环境,影响了人类自身的延续。在严重环境危机带给人类的威胁面前,环境保护的思想迅速被人类接受并认同。"我们只有一个地球""人类应共同继承遗产"等先进理念从全新的思维角度突破了传统的理论框架。人类作为社会性的动物,对采用法律手段解决环境保护问题寄予了深切期望。于是,在20世纪60年代的联合国大会的决议中,各国决定在瑞典召开人类环境会议,目的是要号召全世界公民共同讨论有关环境保护方面的法律问题。

1969年,在美国密执安大学执教的约瑟夫·萨克斯教授回应时代的要求提出了所有国家应该制定专门环境类保护法律的倡

---

〔1〕 张文显主编:《法理学》(第4版),高等教育出版社、北京大学出版社2011年版,第94页。

议,而这项任务的关键在于建立不同于传统法的新的权利体系。[1] 1970 年 3 月,国际社会科学评议大会在东京召开,会议后发表了《东京宣言》。该宣言指出环境权是人对自然环境资源的基本人权,应在国家法律体系中明确规定。这表明世界上的大多数国家已对环境权将在法律中设定方面达成一致。

之后,萨克斯发表了一篇论文《为环境辩护》,他认为环境权因为有很多异于传统权利的特点,所以环境立法应该具有特殊性,主要体现在三个方面:一是承认公民环境权应被合法享有;二是公民能通过诉讼方式得到国家对自身环境权的保护;三是帮助其他与环境相关的普通法设定权利体系。为了证实这项权利来源的合法性,萨克斯教授颇具创造性地提出了独具特色的“环境公共信托”理论。这个理论认为当今时代环境被重度污染,资源遭到前所未有的破坏,我们的基本生活已经受到了严重的威胁。为了保证人类正常且有意义的生存,阳光、水源、空气都不应该被看成能作为所有权客体的“个人财产”被个人独占和排他性地享有。它们因对人生存如此重要,应该作为全民“共有财产”而成为共享的公共资源。这类“共有财产”要想得到合理的支配与保护,全体国民应作为委托人把它委托给国家进行管理。此时国家就是受托人,它必须对委托人负责,不能滥用委托的权力。[2] 萨克斯教授从环境权来源的合法性方面作出了自己合理的分析,并向社会大众指出了设立环境权的必要性。

日本律师联合会在 1970 年 9 月第 13 次人权大会上再次针对当今环境公害的现状提倡应设立环境权,并认为这项权利应成为公害法学研究的重要课题。这次大会上环境权的提出虽引起了日本公民运动负责人和法学界等社会各个方面的极大反响,但其他

---

[1] 吕忠梅:《环境法学》,法律出版社 2004 年版,第 86 页。

[2] 吕忠梅:《环境法学》,法律出版社 2004 年版,第 86 - 87 页。

国家并没有太多回应。

1972年,世界上的大多数国家都到瑞典的首都斯德哥尔摩参与了国际会议,并正式通过了《联合国人类环境会议宣言》,宣言中首次在国际范围内为人类应拥有的环境权下了非常经典的定义,这个定义表述为:人类有在良好生活环境中生存的基本权利,也负有保护和改善后代子孙生存环境的责任。[1]

此后,环境权被越来越多的国家作为公民的基本权利写到宪法当中,一些国家还制定了综合性和专门性的法律对环境权加以回应。公民的环境权也被大多数国家所承认,并在立法和司法方面展开实践。

我国法律对于公民的环境权虽然没有明文规定,但从一系列的相关法律条文及学术界、官方人士、社会各界对环境权的接受中,我们能看出公民享有一定程度的环境权,国家对于公民的环境权应该是予以保护的。在许多地方,关于环境权的公益诉讼对环境的保护作用也颇见成效,法院逐渐在诉讼中考虑到公民的环境权并对相互冲突的利益加以衡量。

环境权是人们在新时代为适应社会发展与保护环境的需要而精心设计出的一项新型权利,学术界对其研究非常关注,极大地推动并促进了环境法学理论的繁荣发展。福州大学的陈泉生教授把环境权定义为环境法律关系范围内的所有主体都应该享有的在良好的、适宜的环境中生活和合理利用自然环境资源的权利。[2] 武汉大学的吕忠梅教授把环境权定义为公民应享有在没受到污染和破坏的环境中生活与利用环境资源的权利。[3] 复旦大学的周训芳

---

〔1〕 中国资源科学百科全书编辑委员会编,孙鸿烈主编:《中国资源科学百科全书》,中国大百科全书出版社、石油大学出版社2000年版,第33页。

〔2〕 陈泉生、张梓太:《宪法与行政法的生态化》,法律出版社2001年版,第113页。

〔3〕 吕忠梅:《论公民环境权》,载《法学研究》1995年第6期。

教授把环境权定义为公民应享有的良好环境权和出于生存目的需要而对环境资源的开发利用权。[1] 他认为环境法应围绕这两类权利建立自己的权利体系。

这三名学者对环境权定义的研究有不同之处，陈泉生教授认为环境权的主体包括国家、法人和公民等一切主体，环境权的内容有环境享有权和环境利用权。吕忠梅教授把环境权的主体仅认定为公民，环境权内容的概括与陈泉生教授相似，分为环境使用权和环境享有权。周训芳教授认为环境权的主体包括公民和人类整体，他把环境权的内容更详细地分成环境享有权和出于生存目的需要而对环境资源的开发利用权两类。

我们可以看出，虽然他们对环境权的看法不尽相同，但是他们对于环境权的定义有一个共同点，即都肯定公民的良好环境权。这个共同点也是笔者认同的环境权的定义。环境权是一种社会性的权利，因为环境利益由社会民众所共享，所以公民环境权指的是公民应享有在良好环境中生活的权利。环境权的主体应仅定位为公民，环境权的客体是我们赖以生存的环境，环境权的内容应为能为全体公民所共享的良好的物质性和精神性权利。

环境权作为法律权利的一种，虽带有法律权利的许多共性特征，但也体现出一些不同于其他权利的个性特征。

第一，环境权关系中权利和义务的不一致性。在环境权法律关系中，权利主体和义务主体存在一种错位的设计，即主体的权利义务不对等。这是环境权区别于其他任何法律权利的独具特色的法律特征。公民在环境权法律关系的构成中不能只靠自身履行保护环境的义务就使自己获得一个良好的生存环境，因为环境资源也被他人所享有。所以，公民在环境法律关系中不能作为义务主体，只能作为权利主体存在，而义务主体只能是国家代表全体公民

〔1〕 周训芳：《环境权论》，法律出版社2003年版，第129页。

来履行。公民和国家作为这种法律关系中的主体,其权利和义务没有一致性。

第二,环境权是一类社会性权利。环境权既不是传统意义中国家拥有的公权力,也不是个人能享有的私权利。传统的公权中国家是行使权力的主体,公民一般是义务主体,这一点很明显和环境权的主旨相悖。另外,环境权也不能属于私权。虽然我们承认环境资源是环境权构成的物质基础,环境法律关系必须利用环境资源作为媒介才能产生,但这并不能说明环境权就是物权,因为一项权利的性质不能由它的产生媒介决定,而应由其根本内容所决定。[1] 环境法律关系发生在国家各类组织和公民个体之间,私法已经很难对其控制。多年的立法和司法实践证明,环境权如果界定为一种私权利,在控制污染和保护环境方面往往显得"力不从心"。[2] 所以单凭当事人意思自治不能很好地保护环境权,必须重视国家在环境保护和维护环境权方面的作用。

第三,环境权是必须要依靠国家予以保障的权利。萨克斯教授提出的公共信托原则指出环境资源具有公共性,因此环境权的实现无法仅仅依靠个体,必须通过国家保障才能使社会公众享有良好的环境进而实现环境权。也就是说,公民环境权的实现必须依靠国家作为环境权的义务主体来进行保障,代表国民利益的政府机关有能力也应该履行保护环境的义务。因为政府是受全体公民委托的实施公共权力的国家机关,所以政府就成为保障公民环境权的实际义务主体。公众的义务仅是应该配合国家的管理和不从事损害环境资源的行为。

在因邻避设施选址而引发的邻避居民和政府、企业的利益冲

---

〔1〕 吕忠梅:《环境法新视野》,中国政法大学出版社2000年版,第133页。

〔2〕 吴真:《公共信托原则视角下的环境权及环境侵权》,载《吉林大学社会科学学报》2010年第3期。

突中,邻避居民因无法用诸如财产权、健康权和相邻权等私权利来保护自身的环境利益,只能求诸环境权这种社会权来对其利益进行保护。因为环境权中国家是义务主体,所以公民得以因国家的公权力机关在邻避设施的选址中因程序不合法或不合理可能造成环境损害的行为提出保护自身环境权的诉求,并向国家机关寻求救济。这样,也就从实际上对我国很多学者提出的环境权否定论加以驳斥,肯定了环境权应该在法律中予以确认的必要性。[1] 只要某种行为可能或已经对环境造成损害,公民就可以行使环境权来向国家机关寻求救济。

二、邻避居民的环境利益与环境权

环境权是在当今环境受到极大损害的大背景下与传统法学相结合而思考的结果,但环境权理论自从提出以来一直处于学者的争论阶段而无法达成共识。其原因主要有两个:一是由于环境本身比较复杂,包含多种自然因素和人为因素,容易在主体需要和客体满足两者之间形成对立关系;二是环境权是一种新兴权利,它与传统的权利构成相比有很多特殊之处难以被大众认同。[2]

由于权利的基础是利益,权利的核心是特定的利益。所以,我们应该分析环境权背后的环境利益,以便更好地在理论和实践中对环境权加以确认。

鉴于本书研究的是邻避设施选址中主体之间的利益冲突,欲保护的亦是邻避居民的环境利益。所以我们要先对邻避居民的环境利益加以分析,进而对邻避居民的环境权加以确认。

---

〔1〕 王小钢:《以环境公共利益为保护目标的环境权利理论——从"环境损害"到"对环境本身的损害"》,载《法制与社会发展》2011 年第 2 期。

〔2〕 杜健勋:《环境利益分配法理研究》,中国环境出版社 2013 年版,第 100 页。

（一）邻避居民的环境利益

利益的产生源于人类自身的需要。由于人们对经济利益的无限追逐，会向自然界进行更多的索取，而且这些索取人往往自身不会承担任何环境成本，据此产生的负外部性都由社会上的其他主体来承担。因此，虽然这种情况会使得社会经济飞速发展，人类也能不断获得最大的经济利益，但结果就是不仅耗费自然资源和破坏环境，还损害了人们的健康。于是，环境利益成为人们新的利益需要，成为环境时代新加入的利益家庭的成员，体现了利益法学在当代对环境的真切关怀。[1]

在此之后，众多学者开始对这种新的利益需要——环境利益展开研究。北京大学的汪劲教授把环境利益定义为不能独立存在的必须由所有人共同享有的利益。[2] 他在这个定义中认识到了环境的共有性，强调了环境利益应由社会大众所共享。武汉大学的李启家教授也发表了自己的观点，他把环境利益定义为能满足人类整体需要并能保护生态环境的长远利益。[3] 他主要强调了环境利益对于人类需要和生态保护的重要作用。西南政法大学的杜健勋教授在论著中把环境利益定义为人类对环境的需要和环境能满足人类所需的具有双向性的利益表达。[4]

笔者赞同杜健勋教授为环境利益下的定义。从某种意义上来讲，当今社会人们对美好环境的需求不断提高，经济利益已经不仅仅是人们进行利益追逐的重要对象，拥有良好的生存环境才能满

---

〔1〕 周昌发：《论环境法对利益冲突的平衡》，载《云南社会科学》2009 年第 3 期。

〔2〕 汪劲：《伦理观念的嬗变对现代法律及其实践的影响——以从人类中心到生态中心的环境法律观为中心》，载《现代法学》2002 年第 2 期。

〔3〕 李启家：《中国第二代环境法的发展——李启家教授在上海财经大学法学院"财经法律论坛"的演讲》，载《上海法治报》2009 年 3 月 11 日，第 B05 版。

〔4〕 杜健勋：《环境利益分配法理研究》，中国环境出版社 2013 年版，第 106 页。

足人类不断增长的需要。环境利益已经在利益王国中处于越来越重要的位置。

邻避居民的环境利益从性质上可以有“环境私益”和“环境公益”之分。“环境私益”是指邻避居民具有其身心健康不被邻避设施兴建造成的污染损害或邻避设施兴建引起的心理不适而影响的利益。“环境公益”是指邻避居民具有对周围环境应不被污染而保持良好的利益。邻避居民的环境利益从内容上可分为物质上的利益和精神上的利益。如污染风险型邻避设施兴建带来的污染可能会损害邻避居民的身体健康,这种利益即为物质上的利益,如心理排斥型邻避设施兴建带来的不舒适感可能会损害邻避居民的心理健康,这种利益即为精神上的利益。我们还可以看出,邻避居民对于身体健康等物质上的环境利益受损很难承受,冲突较为激烈,但对于心理健康等精神上的环境利益受损虽然不满且会引发冲突,但是程度比身体健康等物质上的环境利益受损而引发的冲突程度要弱化得多。

(二)邻避居民被确认的环境利益——环境权

利益经过社会大众在长期实践生活中对其权衡、协调和界定而被社会公认后才能谓之权利。[1] 所以邻避居民可享有的环境权乃是将环境权背后的环境利益经与其他主体的利益经权衡和协调后以国家赋权的立法方式而予以确认的环境利益,即邻避居民对良好环境的权利。我们可以从邻避居民环境权的主体、客体和内容三方面加以分析。

1. 邻避居民环境权的主体

对于邻避居民的环境权来说,其权利主体是邻避设施周围的受到邻避设施负面影响的居民群体。要确定邻避居民良好环境权

---

〔1〕 漆多俊:《论权力》,载《法学研究》2001 年第 1 期。

的主体数量，关键是确定受到邻避设施负面影响的范围，这个范围应该视邻避设施给周边居民带来的损害影响范围而定。

污染风险型邻避设施会给周边居民带来因污染空气和水源而造成的身体健康损害和对周围生态环境的损害，这种损害的范围应该参照环境标准。因为环境标准是国家为防治环境污染、维护生态平衡、保护人体健康，同时为实现公民良好环境权以及统一环境保护工作中的各项技术规范和技术要求，而依据法律规定制定的各种标准的总称。它是人类在社会实践中对自然界进行科学认识的技术成果上升到法律中的规范，但是其对人体健康的损害程度还要经环境影响评价后再进行确定。而心理排斥型邻避设施会给居民带来心理上的不舒适感，这种损害即为精神上的损害。这种损害范围的确定还要综合周围居民的认知以及按照正常习惯而对周围居民可能造成的精神损害而定。

2. 邻避居民环境权的客体

邻避居民的环境权客体应是保持在“良好”状态的邻避居民周边的环境。环境的语义中不仅包括自然环境，也包括社会环境与人文环境。我国 2014 年修订的《环境保护法》第 2 条把环境定义为会影响公民生存和发展的未经人工改造的和经过人工改造的自然要素，其包括土地、森林、草原、湿地、大气、水、自然与人文遗迹、自然保护区和风景名胜区等。这是一个混合式概念，既有对环境的抽象概括，又有对具体环境要素的列举。但要注意的是，2015 年《环境保护法》规定的环境并不仅仅指的是公民环境权客体意义上的环境，这里的环境还包括公民环境资源开发利用权的客体意义方面的环境。并不是每一类环境要素都应作为公民环境权的客体，而只有当某一环境要素作为一个整体保持在良好状态时，才可谓公民环境权的客体。[1]

---

[1] 周训芳：《环境权论》，法律出版社 2003 年版，第 145 页。

所以邻避居民的环境权客体应是保持在“良好”状态的邻避居民周边的环境。这个“良好”状态对于污染风险型邻避设施给邻避居民带来的损害来讲最低标准应该是不损害人的身体健康，而对于心理排斥型邻避设施来讲应该视精神上受到的影响和损害程度而定。

3. 邻避居民环境权的内容

邻避居民的环境权内容应包括实体意义上的环境权和程序意义上的环境权。生存性环境权与精神性环境权都属于实体环境权范畴。生存性环境权是直接关乎人生命和身体健康的环境权，它不同于传统民法中的生命权、健康权，是经由环境要素中发挥作用的生命和健康。因这种生存性环境权受到侵害的主体往往可以因“环境私益”受到侵害而寻求国家保护。精神性环境权属于人格性的层次，是环境权的最高层次。它通常不具有财产利益的内容，而是体现一定的精神利益。这种精神利益即是人精神活动的自由，它的高贵性在于以人的自由意志为根基直指人的绝对责任，从而维护的是人的绝对尊严。在这个人格性的层次上，环境权是一项精神权利，其构成了环境权的终极本质。因为只有到了这个层次才能把人类从动物性欲求中提升上来，真正体现人类需求的绝对自由。[1]

在邻避设施选址中针对污染风险型邻避设施而提出的诉求内容应该属于生存性环境权层次，而针对心理排斥型邻避设施提出的诉求内容应该属于精神性环境权的层次。邻避居民程序意义上的环境权在邻避设施选址中主体的利益冲突解决方面尤为重要，因为它能使邻避居民感受到自身没有被国家或政府排斥在外，而是作为拥有合法地位的公民群体可以参与到政府决策当中。这种程序意义上的环境权包括社会公众对环境状况的知情权、对环境

---

〔1〕 孟庆涛:《环境权及其诉讼救济》，法律出版社 2014 年版，第 83－87 页。

事务的参与权和监督权。这些程序意义上的环境权在我国法律中亦有明确规定,如 2014 年《环境保护法》在第 53 条中就规定了公民、法人和其他组织依法享有获取环境信息、参与和监督环境保护之权利。

第二章　邻避设施选址中利益冲突的类型

在城市发展过程中,许多公共设施和生产设施的兴建导致了主体间利益冲突的产生。由于邻避设施的种类不同,在各类邻避设施选址中的利益冲突也不尽相同。我们只有通过对污染风险型公共设施、污染风险型生产设施、不宁适型公共设施和污名化型公共设施中利益冲突的生成原因和表现形态进行分析,才能对后文将要权衡和化解的对象予以明确。

第一节　邻避设施选址中利益冲突的划分

邻避设施选址中的利益冲突可划分为三种类型,它们分别是基于主体数量差别而引发的利益冲突、基于主体对客体的利益差异而引发的利益冲突和基于价值取向区别而引发的利益冲突。

一、基于主体数量差别而引发的利益冲突

在邻避设施选址中，基于主体数量差别而引发的利益冲突是指某种范围内主体间的利益冲突，表现为某种范围内公共利益与个人利益之间的冲突，这种利益冲突属于主体性利益冲突的范畴。

（一）某种范围内公共利益与个人利益的关系

公共利益属于比较抽象的概念。在中外法哲学理论的著述中，学者从利益的各个角度对何为公共利益进行阐述，比较有代表性的观点有个人利益总和说、不确定多数人利益说、目的性价值说和公共机构利益说，呈现“百家争鸣”的状态。但总体上学者都承认公共利益具有公共性、社会共享性和多样性等特征。公共利益可以概括为社会大众享有的目的正当的利益。

从某种意义上来说，与公共利益对立的一面为个人利益。这种利益是个人对于物质和精神生活需求方面的满足，是个人在其生存和发展中对社会经济、政治、文化和精神诸方面需求的总和，一般包括生存需要的满足、发展需要的满足和享受需要的满足三个方面。个人利益具有主体性、个体独享性、层次性和多样性的特征。

在邻避设施选址中，公共利益与个人利益之间的关系是对立统一的。从两者对立的方面来看，公共利益与个人利益之间的对立绝不能离开特定的范围，两者发生冲突也只是在大或小的范围之内，有数量的差别。公共利益是在这个特定范围内绝大多数人的利益，甚至包括少数人的利益。这种公共利益是相对于此范围内少数人利益而言的。这个范围内的个人利益也不仅是单个或几个人的利益，它有时是一个集体，数量也可能较多，但是针对这

个范围里的多数人利益来讲，它依然属于个人利益。[1] 所以下文所指的个人利益既包括实际的个人，也包括在一定范围内拥有特定利益的少数群体。

从两者一致的角度讲，公共利益与个人利益也存在相互一致之处。因为公共利益主要是为个人利益进行服务，也能还原于个人利益。两者本质上相同，法律地位也相同，公益不是对个益的超越，两者只有大小之分，不存在高低之别。[2]

（二）划分标准——主体的数量

公共利益与个人利益两者都是社会主体的利益。公共利益的受益主体是民众的集合体，个人利益的受益主体可能是个别的公民也可能是某范围内享有共同利益的群体。在邻避设施选址中，公共利益受益主体的人数要多于个人利益受益主体的人数，按照主体数量的多少可分为公共利益和某种范围内特定主体的利益。在按照主体数量对其划分时有两点需要明确：

1. 确定利益冲突发生的范围

邻避设施选址中公共利益与个人利益存在冲突一定是在某种范围之内，可能是相对较小范围内公共利益与个人利益的冲突，也可能是较大范围内公共利益与个人利益的冲突。

这种范围的划定得依据具体情况。如果某种情境的发生只是会引起较小范围内民众公共利益与个人利益的冲突，比如某一个城市、某区县，就要在这个小范围之内分析全体公民的公共利益和特定的个人利益。反之，如果某种情境的发生会引起大范围内民众公共利益与个人利益的冲突，比如国家、跨区域、某省或自

---

〔1〕 胡锦光、王锴：《论我国宪法中"公共利益"的界定》，载《中国法学》2005年第1期。

〔2〕 李兵：《论行政法上公共利益对私人利益的限制》，苏州大学2007年博士学位论文，第66页。

治区,那就要在这个大范围之内分析全体公民的公共利益和特定的个人利益。

这种范围的明确能更好地对某范围内公共利益与个人利益之间冲突的原因和表现状态作出分析,有助于对不同情形的公共利益与个人利益之间的冲突采取具有针对性的解决办法。

2. 确定主体数量的多少

在邻避设施选址中,对于公共利益与个人利益的冲突是可以按照主体数量的多少予以比较的。公共利益本身是一种利益的集合体,其集合了许多主体的共同利益指向。公共利益的受益主体不是特定的个体,具有一定的模糊性,因为这种利益不是为任何特定的个体而谋得的,其受益主体往往是社会大众,亦不能看作是全体社会成员享有的私人利益简单相加之总和,所以既无法确定具体的受益主体,也不能确定公共利益准确的受益人数。

但某种范围内特定主体的利益与公共利益不同。某种范围内特定主体的利益之受益主体往往是享有特定利益的群体,是单独个体利益的集合,对受益主体的确定比较清晰,具有一定的明确性。其受益主体基本能计算出准确人数,这是由于特定范围内的群体具有特定的性质,因而也能计算出准确的数量。

二、基于主体对客体的利益差异而引发的利益冲突

在邻避设施选址中,基于主体对客体的利益差异而引发的利益冲突是指社会主体对不同客体享有的利益之间的冲突,在我们当今所处的环境时代则主要表现为环境利益与经济利益之间的冲突,属于主体享有的客体性利益范畴。

(一)环境与经济属于不同性质的客体

经济即物质客观条件,是人类生存所必须面对的客体。人类在社会中生存就需要发展生产力,生产力水平的提高代表着经济水平的提高,这样就会提升人类生活的物质水平。从古至今,对

经济不断发展的追求一直在继续，而且在全球经济高速发展的时代，经济发展水平的高低不仅是衡量人类物质生活水平的标准，也是衡量国家综合国力的一项重要标准。

环境属于客观存在的自然物。人类进行经济发展，改善自身的物质生活条件需要一定的环境来承载，即人通过作用于环境来提高经济。在人类社会发展的初期，生产力水平低下，人类对环境的索取是为了生存，不会对环境造成太大的破坏，即环境能够适宜人们生存，不会对人类产生负面作用。随着世界各国工业化的发展，生态环境被不断破坏，环境的承载力已经超过限度，反过来已经影响人的生产生活，所谓的环境时代已经来临。我们可以说原来人类只是把环境当作辅助经济发展的客体，现在人类对环境有了新的需要，即希望环境能保持良好而适宜生存。因为人们发现良好的生活条件不仅需要物质经济水平的提高，也需要精神层面的舒适，如果因发展经济而破坏生态环境甚至影响人的身体健康则得不偿失。

所以，环境和经济这两种客体虽然具有截然不同的性质区分，但由于人类对它们都有深切的需求，因此也都会产生利益。

（二）环境利益与经济利益之间存在冲突

环境利益与经济利益都是人类从大自然中获得的利益，这与自然能够满足人类的多种需求有关。但两者却呈现不同的表现形式，最重要的不同就是环境利益具有共享性。人类由于重视私利的本性，对自身经济利益更为关注，而往往对会惠及大多数人的环境利益的关注较为缺乏。

环境利益与经济利益的冲突会导致主体利益上的冲突，这属于主体对客体的利益之间的冲突，需要环境法给予协调。我们从实践中可以看到，两者的冲突不仅是环境保护和经济发展冲突这对难题的实质所在，而且也是实际存在的环境法中需要调控的最重要的矛盾冲突。

在邻避设施选址中出现的主体环境利益和经济利益不仅有对立冲突的一面,也有一致的一面。传统认识中对于环境利益和经济利益二者关系的认识大致有两种观点,分别是条件说和相互制约说。前者认为环境保护应属于经济发展的外部条件,因为它对于经济发展而言具有伴随性;后者认为这两种利益不能兼得,存在互相制约的关系,所以法律更应对保障经济利益实现方面予以偏重。[1]

我们发现,这两种学说都只看到了经济利益与环境利益对立的一面。虽然我们不可否认两者的对立性,但是我们更应该看到二者共生和统一的一面。可持续发展观追求经济发展与环境保护的和谐共存。环境保护既属于经济发展的目标和内容,也是经济发展的内在要求。如一些学者认为在环境质量改善的同时进行经济发展是可以实现的,关键就在于对环境污染更好地开展预防和治理,还有一些学者从利益所具有的特征等方面对环境利益和经济利益最终实现统一进行阐述。

由此可见,环境利益与经济利益虽然在短期可能对立,但走向统一已成为发展的必然趋势。我们应在承认这两种利益间存在冲突的前提下关注二者统一的一面,不能把它们割裂对待,要合理看待邻避设施选址中出现的主体环境利益与经济利益间的冲突。

三、基于价值取向区别而引发的利益冲突

在邻避设施选址中基于价值取向区别而引发的利益冲突是指因社会主体的价值取向不同而产生的利益冲突,主要表现为传统价值与现代价值的冲突和正义价值与自由价值的冲突两类。

---

〔1〕 李启家、李丹:《环境法的利益分析之提纲》,2003年环境资源法学国际研讨会论文集,第375页。

（一）传统价值与现代价值的冲突

传统价值和现代价值是不同时代人类的价值观念。因为时代的不同，这两种价值观念的价值取向也必然会存在不同。

传统价值是某一民族在历史发展过程中长期形成的对客观存在的人或事物具有一定惯性的评价标准。它是多元多级的，包括为统治者所倡导的作为社会主流的价值观念，即"大传统"；也包括对应于中国民间士农工商阶层的社会心理和风俗习惯，即"小传统"。作为"小传统"的社会心理或风俗习惯是"大传统"价值观念的补充和丰富，它包容了价值观念体系的深层结构，属于具有感性的、直觉的"集体无意识"或"潜意识"，是传统价值中不可忽视的重要部分。[1]

现代价值观是人类在现代社会中形成并总结的适应当代社会发展的对客观事物的评价标准和看法。它既包括对传统价值观中精华部分的总结，也有适应现代社会发展的独特元素。

邻避设施选址中的社会主体会因遵循的传统价值和现代价值不同而发生冲突。这种冲突的发生是由于有些社会主体尤其会对传统价值中作为"小传统"的社会心理或风俗习惯加以承继。这主要是因为其形成于民间，符合民众的生活习惯，最易被人们所接受，而社会在发展过程中必然存在适应当代社会发展的现代价值。

两者发生冲突时，我们应考虑到传统价值中有历史局限性的部分。正如恩格斯所说："包括我们所处的这个时代的理论思维在内的每一时代的理论思维，都属于历史的产物。"[2]当这种价

---

〔1〕 戴茂堂、江畅：《传统价值观与当代中国》，湖北人民出版社2001年版，第21页。

〔2〕《马克思恩格斯选集》第4卷，中共中央马克思恩格斯列宁斯大林著作编译局编译，人民出版社1995年版，第284页。

值规范不能直接用来指导和处理新时代人们所面临的人与人、人与社会和人与自然关系时，我们就应该把它摒除和抛弃，用现代价值来进行指导以适应社会的发展。但是我们要对社会大众的社会心理或风俗习惯予以尊重，毕竟是长期流传下来的传统价值。也就是说，我们化解传统价值与现代价值的冲突也要注重对象、讲求方法。

（二）正义价值与自由价值的冲突

正义是一个古老又常新的概念，不同时代的学者对正义都做了研究，得出了不同的定义。可以说："正义天然长着一张普洛透斯神似的面容，它变化无常，随时会呈现出不同形状并具有极不相同的外貌。"[1]虽然正义的定义不尽相同，但它有一个基本底线就是对人权的保护。正义从主体的角度划分可分为个人正义和社会正义。个人正义能提供的价值是为个人处理与他人关系时提供道德态度和行为准则，社会正义的价值则是一个社会基本制度及其所含规则和原则的合理性和公正性。

自由意味着对必然的认识和支配，意味着人可以凭借自身意志而行动。自由对于人的价值在于：一是能体现出人的主体性。没有自由，人就不是主体。如果社会中的人没有自由，无论他能得到什么样的物质待遇，他都处于一种受奴役的状态。二是人自我意识现实化的体现。人在生存和发展中离不开人自我的主观能动性，人的自由也是人自我意识的现实化、发挥主观能动性的体现。三是人类发展的助动力。自由是人奋进的动力和目标，是人类向新的自由度迈进、获得新发展的保证。[2]

---

〔1〕［美］E. 博登海默：《法理学：法律哲学与法律方法》，邓正来译，中国政法大学出版社 2017 年版，第 266 页。

〔2〕张文显主编：《法理学》（第 4 版），高等教育出版社、北京大学出版社 2011 年版，第 265 页。

邻避设施选址中的主体可能会因正义价值与自由价值的不同而发生冲突。在这种情况下,我们首先要考虑到社会正义价值的体现是一个社会得以正常运转的标志,这种价值的体现就包括保护社会中每一个人最基本的人权,不能因为某些群体的心理、生理疾病和外部原因就对他们不予保护。其次,我们也要考虑到人的自由也包括多种,如人的选择自由、人的心理自由、人的需求自由等,这些都属于应该受到保护的自由,但是这种自由不能超过法律的界限,当与社会正义价值相抵触时要予以退让。

总之,我们在化解此类冲突时要在现实允许的基础上,尽量保证人们的自由,对这两类价值尽量平衡,努力保证人们在实现自由价值的基础上体现社会正义。

第二节　污染风险型邻避设施选址中的利益冲突

污染风险型邻避设施选址中的利益冲突包括污染风险型公共设施选址中的利益冲突和污染风险型生产设施选址中的利益冲突两类。这两类邻避设施的共同之处在于都带有污染的风险但是由于惠及范围以及兴建必要性的不同,在其选址中引发的利益冲突的生成原因及表现形态也有差异。

一、污染风险型公共设施选址中的利益冲突

污染风险型公共设施兴建的目的是满足较小范围内公民的生活便利,此范围内公民与设施附近居民利益冲突的产生原因是较小范围内公益与个益的冲突,这种利益冲突的生成原因具有单一性,有着比较特殊的表现形态。

(一)单一原因下利益冲突的生成

污染风险型公共设施中利益冲突的生成原因只有一个,就是较小范围内公益与个益的冲突,如垃圾焚烧处理厂是为了解决较

小范围居民的生活垃圾的处置问题，小型火力发电厂是为了满足较小范围居民的生活用电问题。

污染风险型公共设施的兴建能给较小范围内广大公民带来公共福利，使他们的生活更加便利以实现公共利益。但这类公共利益的实现却会导致污染风险型公共设施的周围成了附近居民的"牺牲区域"。因为这类公共设施会带来一定程度的环境污染，会影响设施附近居民享用清洁的水源和新鲜的空气，使他们的生命健康受到严重的威胁，呈现一定程度的负外部性。这种"负外部性"的风险仅由这些居民承受，使他们的环境利益直接受到损害，而那些不生活在设施周围的公民却能享受设施建设带来的"正外部性"福利。政府出于牺牲少部分人的环境利益而使大部分人获得社会福利的考量，很明显是将被牺牲的部分群体，也就是邻避设施的成本承担者看作邻避利益分享的机会成本。[1]

在这类公共设施的兴建中，环境利益受到损害的居民是设施附近的被环境污染所影响的居民，他们是一个特定的集体，具有群体性和一定程度的确定性。正如上文所述，这个集体的环境利益相对于较小范围内的所有公民来讲依然属于个人利益，我们下文中所说的环境个人利益就是指这类集体的环境利益。

具体来讲，对于垃圾焚烧类公共设施的兴建，会引发环境公共利益与环境个人利益的冲突。垃圾焚烧厂的兴建是为了缓解城市"垃圾围城"所必然要建的公共设施，因为如果不建就无法解决较小范围内广大居民的生活垃圾的处置问题，就会造成更大的环境污染，也会侵害到大众的环境公共利益。但是垃圾焚烧过程中有可能会释放易产生有致癌风险的二噁英，而且垃圾焚烧厂附近会经常有垃圾转运车频繁出入，产生恶臭并导致交通堵塞，设

〔1〕 王彩波、张磊：《试析邻避冲突对政府的挑战——以环境正义为视角的分析》，载《社会科学战线》2012年第8期。

施附近居民的环境个人利益因此会受到严重侵害；对于小型发电厂这类公共设施的兴建，也会引发公共利益与个体利益的冲突。这类设施的建造是非常有必要的，在这个较小范围内的每个公民都需要用电，没有电人们无法正常生活。小型发电厂会使此范围内的所有公民享受到电力所带来的方便，可以说大众都是设施兴建后的受惠者。但是发电厂的电磁辐射所导致的污染和可能出现爆炸、泄漏等安全隐患确有可能给设施附近居民带来生命健康风险，使他们的环境个人利益受到损害；污水处理厂是为解决较小范围内公民的生活污水问题而兴建的，但是污水的处理就可能会影响附近居民饮用水源的洁净；通信基站能解决较小范围内居民的通信信号问题，但是基站带来的辐射也会影响附近居民的身体健康。这些环境风险都是附近居民所不愿意承受的。

这种维护较小范围内的公共利益，但侵害到设施附近居民的环境利益的做法必然会引发污染风险型公共设施兴建地附近居民的质疑和反对。而且，这些设施兴建地附近的居民大多数属于社会中的弱势群体，他们参与到政府的决策当中的机会有限，很多居民都是在对政府的选址方案以及选址决策了解不充分、不全面的状况下被动地接受为惠及大众而强迫他们做出牺牲的设施选址结果，并且有时难以得到合理的补偿。这样更易引发设施附近居民和企业、政府之间的激烈冲突。

（二）较小范围内公益与个益冲突的表现形态

污染风险型公共设施选址中较小范围内公益与个益冲突的表现形态有四个，分别是设施附近居民的环境利益受到侵害，冲突发生在较小范围内，冲突的主体之间数量有差别和冲突具有一致性。

1. 设施附近居民的环境利益受到侵害

污染风险型公共设施选址中产生的较小范围内公益与个益的冲突主要是由设施附近的居民环境利益受到侵害而引起的。

随着社会的发展,资源不断枯竭和环境严重污染使人类主体对客体环境有了利益需要,人们需要良好的生存环境。有学者把环境利益定义为:"人类从大自然的生态系统中自动获取的使生命延续的效用和人类在利用自然环境中所形成的各种收益,它由初始利益、原生利益、次生利益、再生利益和共生利益所构成,具有多元复合的属性。"[1]这个定义指出环境利益是在自然环境基础上产生的,也阐明了环境利益具备的一些特性。环境利益在当今社会中属于人类比较迫切的新的利益需要,它是因为人们意识到自然环境破坏的恶果会给人类造成的严重影响而产生的,有着很强的时代特点。

污染风险型公共设施附近的居民是一个特定群体,这个群体是最有可能受到设施污染风险侵害的,因为设施运作所产生的污染一般只会在其周边一定范围之内,此范围之内的居民会受到污染风险的危害,但是这个范围之外的居民不会受到污染的危害或者很小的可以忽略不计的危害。

所以说受到此类设施污染侵害的仅仅是设施附近作为特定群体的居民,他们受到的侵害主要体现在环境利益方面。这种环境侵害会影响他们的身体健康甚至危及生命,使他们无法正常生活,显然是他们所不可能愿意承受的。

2. 冲突发生在较小范围内

污染风险型公共设施选址中产生的公益与个益的冲突主要发生在较小的市区范围内,我们在这里对较小范围的定义是相对于国家、省或跨区域的较大范围而言的。

污染风险型公共设施选址中公益与个益冲突之所以会发生在这个范围之内,与污染风险型公共设施的特性有关。污染风险

---

〔1〕 张志辽:《环境利益公平分享的基本理论》,载《社会科学家》2010年第5期。

型公共设施所能惠及的范围有限,它只能为某一较小区域内的社会公众服务,不可能使大范围内的所有公众获得服务。比如垃圾焚烧处理厂只能解决较小城市或市内某区居民的生活垃圾,它没有能力也没有必要去解决别的市区范围内的垃圾,因为这种公共设施本就是为解决市区范围内居民的生活垃圾问题而建的。像小型发电厂、污水处理厂和通信基站也是如此,它们也都是为解决较小范围内居民的用电问题、污水处理问题和信号覆盖范围问题而兴建的,这些公共设施按照目前的科技水平也很难惠及更大的范围。

所以,污染风险型公共设施选址中产生的广大公众公共利益与设施附近居民个人利益的冲突是发生在相对较小的范围内,这一点要与较大范围内的公益与个益冲突作区分。

3. 冲突的主体之间数量有差别

污染风险型公共设施选址中产生的公益与个益的冲突是较小范围内的所有公众与设施附近的居民产生的利益冲突,两者在数量上一定是不同的,一般会有很大的差距。

环境利益受到侵害的设施附近的居民和因污染风险型公共设施的兴建而获得实惠的所有公众相比必定为少数人,因为获得公共设施所带来的便利服务的公众包括环境利益受到侵害的设施附近的居民和不会或很少受到环境利益侵害的居民。

两者之间的数量差别也是划分公共利益与个人利益的依据,因为公共利益具有人数众多、受益主体普遍等特点,而个人利益的特点是人数较少,受益主体特定。污染风险型公共设施附近的居民的人数比在这市区范围内获得实惠服务的人数要少,而且由于这类公共设施带来的污染风险只会波及周边较小的范围,不会波及太大的范围。

所以环境利益受到侵害,即受到污染风险影响的居民是能确定和计算出具体数量的。这样政府如果对人数较少的有具体数量的居民进行补偿时就有针对性，更方便补偿对象的确定和进行补偿额度的计算。

4. 冲突具有一致性

污染风险型公共设施选址中产生的利益冲突是公共利益与个人利益的冲突，而公共利益与个人利益的冲突有一致性。它们在污染风险型公共设施选址冲突中表现出来的一致性体现在两个方面：

第一，两者本原一致。公共利益的本原是个人利益。污染风险型公共设施的兴建中，较小范围内的每一位公民都是公共服务的受惠者，即每一位公民个人利益的总和构成了广大公众的公共利益。但这种总和不应是个人利益的简单相加，而应是把个人利益中具有的任意性、偶然性与特殊性因素加以过滤，又把其中的合理性、必然性与普遍性成分予以综合放大而形成的利益总和才应该是公共利益。[1] 所以，公共利益绝不是独立于个人利益之外的特殊性利益，而是与个人利益本源一致的利益。

第二，两者目的一致。污染风险型公共设施的兴建是为了服务于较小范围内的每一位公民，不仅是为了公共利益的实现，也是对个人利益的关怀。从公共利益的目的来看，公共利益最终是要服务于个人利益的。一定的公共物品与公共服务是私人聚集财富活动能加以展开的基本条件。人们私有财产的形成与增长绝对离不开公共利益的实现。政府在履行行政职能的内容与目标方面必须是在法律规定的范围内对个人利益进行服务，公共利益最后还是要落实到每个人身上。我们发展公益的根本目的就是要惠及私人，如果缺失对个人利益应有的关怀，公共利益也将会失去存在的正当性。

---

〔1〕 杨通进：《爱尔维修与霍尔巴赫论个人利益与社会利益》，载《中国青年政治学院学报》1998 年第 4 期。

二、污染风险型生产设施选址中的利益冲突

污染风险型生产设施兴建的目的是满足较大范围内公民的生活需要或推进地方经济发展,此范围内公民与设施附近居民利益冲突的产生原因是较大范围内公益与个益的冲突和环境保护与经济发展之间的冲突。这种利益冲突的生成原因具有双重性,表现形态也有不同。

(一)双重原因下利益冲突的生成

污染风险型生产设施选址中利益冲突生成的原因具有双重性,主要体现为较大范围内公益与个益的冲突和环境保护与经济发展之间的冲突。

1. 较大范围内公益与个益的冲突

污染风险型生产设施一般在两种情况下兴建,第一种是地方政府为推动当地经济发展而建;第二种是国家或区域为满足更多民众的生活需要而建。无论是哪一种情况兴建的生产设施都能满足较大范围内民众的生活需要,符合大众的公共利益。但是这类设施给附近居民甚至地区民众造成的负外部性太大,使他们的环境个益受损,而设施所带来的正外部性福利却由大部分民众甚至国家所有民众所共享,更容易引起较大范围内民众公益与设施附近居民甚至整个地区民众个益之间的冲突甚至激烈的抗争。

污染风险型生产设施的兴建确实能推动当地的经济发展,使政府的税收增加,解决当地的民众就业问题,提高人们的物质生活水平。但是污染风险型生产设施因为生产企业的技术水平有限以及项目可能具有的高污染特性却给设施附近民众甚至大范围地区的民众带来环境上的极大破坏,导致民众的身体健康受到严重的侵害。另外,很多民众认为这种生产设施的兴建不具备必要性,也就是认为其不是自己生活所必需的公共设施,自己不能享受到直接的福利却要承受因设施兴建造成环境污染给自己身

体健康带来的风险,这是得不偿失的。所以他们更加反对在自己居住地附近甚至是反对在自己居住的城市兴建这类污染风险型生产设施,比反对污染风险型公共设施还要激烈,如厦门市民对海沧半岛计划兴建的对二甲苯(PX)项目所进行的抗议事件、河南信阳民众反对建造核电站的抗议事件等。

我们可以从污染风险型生产设施与污染风险型公共设施的对比看出,虽然前者产生的污染程度更高,波及的范围更广,但因其所生产产品的需求量或者供应量巨大,故能满足较大范围内民众的生活需要甚至带动区域和国家国民经济的发展。如PX化工厂生产的PX原料是一种重要的化工原料,常用于生产塑料、聚酯纤维和薄膜,也是服装、纺织的原料,与居民的生产生活密不可分,是反映一个国家化工水平的标志性产品,也属于重要的战略物品。如果我们自己不发展这个项目将会在国际上受制于人,影响国家安全。大型核电站和大型水电站的建设也确实能解决很多地区甚至全国民众的用电问题,但同样也给附近或地区民众带来很大的风险隐患。尤其企业如果在公众完全不知情或知情但不能实质性参与这类设施的选址决策的情况下兴建,必然会造成较大范围内民众公益与设施附近民众甚至整个地区民众个益之间的冲突。

2. 环境保护与经济发展的冲突

在人类社会发展早期,人与自然之间处于一种原始的比较和谐的关系之中。当时人们因生产力水平极其低下,只能完全依附于自然而取得生活资料,属于对自然利用的低级阶段。人类进入农业社会后,对自然的认识和改造有了一定水平的提高,发明了先进的农业技术和生产工具,实现了第一次产业革命——农业革命。这也标志着人类社会从对自然环境资源的直接消费到对自然环境资源的利用控制方面的根本转变。[1]

人类进入近代工业革命时期后，人力逐渐被机器大生产所替代，生产力得以迅速发展，这时经济增长方式发生了重大改变。尤其是自人类进入20世纪以来，工业化就被视为现代化的基础，它也确实使人类增长了极大的物质财富，提高了生活水平。工业的高度发达已然成为现代化国家的重要标志，经济发展水平的高低也成为衡量国家综合国力的一项重要标准，各国都在加快经济发展的步伐，争取迈入经济大国的行列。

但是随着工业化发展的推进，人类和自然之间的关系已由利用、控制走向掠夺、征服和对抗。这种粗放的增长方式导致了日益严重的环境污染，产生了难以弥补的恶果，对我们赖以生存的空气、水体和土壤都带来较严重的污染，对社会、自然和生态造成了巨大的破坏，甚至危及我们自身的生存。正如恩格斯所言："我们每次战胜自然界之后，他都会对我们实施严重的报复，所以我们不能过分陶醉在对自然界的胜利当中。"[2]人类盲目追求经济发展，过度消耗自然环境必然会使人类自食恶果，造成对自身生存的威胁。

20世纪80年代和90年代，西方国家频繁爆发的邻避设施选址冲突和保护环境的抗争运动就是过分追求经济发展而破坏环境引发的恶果。西方各国政府在意识到这些问题后，也对工业化的发展方式进行了某种限制或改造，比如，限制大规模的工业生产、限制开发、建立生态环境资源的有偿使用和补偿机制等环境保护措施。这些措施的采取确实对环境保护起到了一定的积极作用，但是却在一定程度上减缓了经济的发展速度。环境保护与

---

〔1〕 郭杰忠：《生态保护与经济发展互动关系探析》，载《江西社会科学》2008年第6期。

〔2〕《马克思恩格斯选集》（第3卷），中共中央马克思恩格斯列宁斯大林著作编译局编译，人民出版社1995年版，第517页。

经济发展的冲突因此产生。

新中国成立以来,各个地区都在加快地方经济建设,使公众的物质生活条件有了很大的提高,但同时也对我们的生态自然环境造成破坏,导致了严重的环境污染,对人类的身体健康和生存环境造成极大的威胁。人们也逐渐意识到环境保护的重要性,反对一些能引发污染风险的项目建在自家附近,尤其是抵制一些像污染风险型生产设施那样的污染程度较高的设施落地。

污染风险型生产设施选址中所发生的利益冲突从根本原因上来说就是环境保护和经济发展之间的冲突。地方政府为推进当地经济发展,提高地区生产总值,有时会忽略地区的环境承载能力和污染可能给民众身体健康带来的侵害而引进一些能给地区经济发展带来高经济效益的重污染项目,从某种程度上讲确实提高了当地的经济发展水平,但这是以民众的生命健康和环境的破坏为代价的。

由于污染风险型生产设施会产生很高的污染风险,一般会为民众所强烈抵制,甚至民众和政府、企业之间会发生激烈的冲突,破坏社会秩序的稳定。政府也处于两难的境地,一方面它承担着发展地区经济的管理职能,另一方面它还要履行环境保护的服务职能,此种情况使政府很难抉择。这种矛盾不解决,就会影响到国家经济的整体发展,降低人民的生活水平。

所以,解决此类冲突是我们必须要攻克的难题。我们要采取有效方式克服环境保护与经济发展的矛盾,协调好人和自然的关系,既不能为盲目追求经济的快速发展而牺牲生存的环境,也不能不发展经济,要尽力协调好二者的关系,避免和缓解因此而产生的社会冲突。

(二)较大范围内公益与个益冲突的体现

污染风险型生产设施选址中较大范围内公益与个益的冲突主要体现为地区公益与设施附近居民个益的冲突和国家或区域

公益与地区个益的冲突。

1. 地区公益与设施附近居民个益的冲突

污染风险型生产设施选址中地区公益与设施附近居民个益的冲突是指污染风险型生产设施的兴建能给这个地区的广大公众带来好处，提高这个地区的整体经济发展水平，公众从某种程度上来讲是能够获得利益的。比如化工厂、炼油厂、造纸厂这类污染风险型生产设施的兴建能使企业获得较为可观的经济收益，能解决当地公众的就业问题，能带动地区的经济发展，进而提高地区广大公众的物质生活水平。

相对于污染风险型公共设施来讲，污染风险型生产设施与其不同的地方在于这类设施是使地区的广大公众获得公共利益，不像污染风险型公共设施是使相对较小的市区范围内的公众获得公共利益，这一点和公共设施的性质有关。此外，污染风险型生产设施一般来讲比污染风险型公共设施的污染风险更大，范围也更广，这一点和生产设施的特性有关。

污染风险型生产设施虽然能给地区带来公共利益，但是却给设施附近居民甚至更大范围内的居民带来污染风险，使他们在不能享受到因生产设施兴建带来直接利益的条件下还需要承受因设施兴建而给他们带来的污染风险，危及他们的身体健康甚至生命。在这种利益承担成本和效益失衡的条件下，污染风险型生产设施的选址必然会引发地区公益与设施附近居民个益的冲突。

2. 国家或区域公益与地区个益的冲突

污染风险型生产设施选址中国家或区域公益与地区个益的冲突是指某些污染风险型生产设施是国家、跨区域或省级政府为了提高全国或区域的经济发展水平，满足这个大范围内公众的需求而兴建的，这种生产设施也确实能给国家或区域公众带来生活上的便利，使他们的生活水平得到提高，但是也会给设施所在地区带来程度较高的大范围的污染，这样会引发国家或区域公益与地区个益的冲突。

例如,我国三峡水电站的兴建能发挥防洪、航运、水资源利用的综合效益,累计发电量高,能解决十多个省的用电问题,缓解我国的电力供应紧张局面,促进国家整体生产效益的提高。核电站发电成本低,发电成本较为稳定,能满足大部分区域的电力供应,创造很高的经济效益。这些生产设施都能给大范围内的公众带来经济效益,但是却易发生严重的污染风险,如水电站使水源受到污染,破坏了当地的生态环境,周围居民不能正常生活。再如,核电站的兴建确实能节省很多资源,给国家或区域民众带来福利,但其反应器内有大量的放射性物质,泄漏后会造成严重环境污染及人体危害。这种危害往往波及的范围很广,可能使整个地区的居民都会受到影响。

污染风险型生产设施所在的地区公众的利益相对于全国或跨区域、省级区域范围内公众的公共利益而言可以算是个益,所以污染风险型生产设施的兴建中国家或区域公益与地区个益的冲突必然会产生。

(三)环境保护与经济发展冲突的体现

污染风险型生产设施选址中环境保护与经济发展冲突属于主体对客体的利益差异而引起的冲突,这类冲突主要体现为公民利益与政府利益的冲突和公民利益与企业利益的冲突。

1. 公民利益与政府利益的冲突

污染风险型生产设施选址中公民利益与政府利益的冲突是由于民众重视环境保护,而政府重视地区经济发展引起的冲突。

对于大多数公民来讲,虽然政府兴建污染生产型生产设施的理由是推动当地经济发展,提高当地民众的生活水平,最终使民众获益。但是他们认为污染风险型生产设施的兴建于他们而言是不必要的,因为他们不能从这种生产设施的兴建中获得直接的利益,但是却承受着环境污染给他们带来身体健康的直接损害,而且由于这种污染风险型生产设施的负外部性更大，即带来的污染风险更大，对当地民众赖以生存环境产生的严重的损害，往往是很难修复的。所以邻避居民不能承受也不愿意承受这种影响生命健康和生存环境的污染风险型生产设施带来的负外部性，他们会为自身的环境利益强烈抵制此类设施的兴建。

政府是受广大民众委托行使公共权力的机构，其有着公共管理的职责亦有环境保护的职责。但是自新中国成立以来，推动地方经济发展一直是各地政府的主要目标，也会直接影响主要领导的政绩和升迁。而且政府认为在用科学技术控制污染物或分解污染物的前提下推动经济发展是非常有必要的，但是有时会因可能存在的判断的失误、程序的违法和无效的沟通使民众对其减少信任。

总之，污染风险型生产设施兴建地附近民众普遍认为对于经济发展而言，如果是以严重损害环境为前提，那么此时经济发展应该让位于环境保护，一定范围内公民的环境利益应该优先考虑。但是公民的环境个体利益会和政府在发展公共利益方面发生冲突。

2. 公民利益与企业利益的冲突

污染风险型生产设施选址中公民利益与企业利益的冲突是由于民众重视环境保护，而企业重视自身经济利益而引起的。

污染风险型生产设施由于高污染风险的特性使公民极为反感，公民认为这类设施的兴建对他们的生命健康和生存环境造成极大的威胁，这类生产企业是以设施周围民众的生命健康和生存环境为代价来获取自身最大利益的。广大公民认为这类污染风险型生产设施的兴建应该远离居民区和环境敏感地，企业不能只顾追逐自身利益，为获取高额的经济效益而损害公民利益。这是社会成本与社会效益不均衡的体现，也是对当代人和子孙后代不负责任的体现。

对企业而言,它是以营利为目的,运用各种生产要素向市场提供商品或服务的社会经济组织,其最大的特点就是追求经济利益的最大化。企业为了追求经济效益,必然要进行生产,而生产的过程又必须使用一定的自然资源,这也是企业享有自然资源使用权的体现。如果对其完全禁止既不合法也不合理,因为企业也要生存,而且企业的兴衰往往还涉及像企业员工等一些公民的利益。企业认为自己合法排污,而且尽可能采用先进的科学技术来降低污染,对公民的生命健康和周围的环境不会造成如公民所想的严重危害。此外,在某地兴建污染风险型生产设施也是政府招商引资的结果,建设项目也经过合法环评,获得了政府审批。所以这类设施应该能够兴建,公民不应该进行抗议和阻碍。

公民与企业看待污染风险型生产设施兴建问题的立场不同,各自维护的利益也不同。而且在实践中由于政府对推动当地经济发展的迫切追求致使公民有时会把此类设施的兴建看作政府与企业合谋以牺牲当地居民环境利益为代价而共同获取经济利益的结果,往往会导致公民与企业之间的冲突。

第三节　心理排斥型邻避设施选址中的利益冲突

心理排斥型邻避设施选址中的利益冲突包括不宁适型公共设施选址中的利益冲突和污名化型公共设施选址中的利益冲突两类。其中不宁适型公共设施选址中的利益冲突主要源于传统价值与现代价值的冲突,污名化型公共设施选址中的利益冲突主要源于正义价值与自由价值的冲突,两者也分别呈现各自不同的表现形态。

一、不宁适型公共设施选址中的利益冲突

不宁适型生产设施选址中利益冲突的产生原因是传统价值

与现代价值的冲突。传统民俗代表着传统价值,城市化发展代表着现代价值,两者在不宁适型公共设施的选址中会发生冲突,有着与之相应的表现形态。

(一)利益冲突的生成

人作为自然的存在物,必然有个体的需要。如果离开了人的需要,离开了人因生存而对客体的追求,就不会产生所谓的利益。利益的内容因人类需求的多样化而存在主观性与多元性。主观性即人对利益的判断,与人们的个人好恶相关,体现为人们对事物价值的认识,这种认识由人们对事物的理解和判断而构成。多元性即利益内容不仅包含生产生活方面的物质利益,还包含如民族文化和风俗习惯方面的精神利益,尤其是精神利益与主体对事物的价值认识联系更加紧密,也必然因时代的发展而显现出不同之处。

传统民俗属于传统价值范畴。它是一个民族或一类社会群体在长期社会生产实践中逐渐形成的,积淀并渗透于社会大众心灵深处,体现在人们风俗习惯、价值观念和审美情趣方面的薪火相传且较稳定的精神文化。从某种意义上讲它反映的是一个地区民众整体的心理状态,是社会民众的心理表现,对人们的行为有着无形的影响。传统民俗虽然产生于物质社会之中,但它是属于上层建筑范畴的社会意识,是人类在发展历史长河中积淀下来的创造性想象,具有规范社会行为作用与道德感召力的精神,应属于人精神利益需求的范畴。它通常会作为历史文化遗产被传承下来,其中最稳定的因素被固化,并表现在社会生活的方方面面。

传统民俗不是一种杂乱无章的变动,而是一种有序的发展,它有着一定的历史延续性,是普遍存在的被民众认为是“合理”的东西,也属于人类的利益需求。时代在变易,但正如柏格森所述:“变易虽然不可分割,但在这种不可分割的变易中过去和现在依然是合而为一的。”[1]从古至今,民众对于传统民俗是极为推崇的。民众之所以对其如此推崇,究其原因是他们认为传统民俗是生活中应该存在的合理事物,既能使他们更好地与别人相处,又能使他们更适应自然环境而更好地生存。

传统民俗和人们的生活密切相关。它是普遍存在于社会并扎根于社会内部而在历史发展中传承的民族精神。马克思认为:生产力决定生产关系,经济基础决定上层建筑,它们之间相互作用而构成矛盾运动,这种矛盾运动会一直贯穿社会发展的始终。传统民俗是人们在社会生活中逐渐形成并且沿袭下来的,且已同社会心理密切结合,成为人类在社会发展中自觉或不自觉的行为准则。没有社会的土壤,传统道德习俗就是无源之水、无根之木,不可能产生并维系下来。人类从原始社会开始,为适应自然和更好地生存过着群体生活,在生活中他们运用生活智慧创造出彼此都认同并愿意遵守服从的规则,去约束和管理自己的成员。然后,随着生产力的发展,不断调试、不断适应,与现实相磨合,形成不断进化的、在一段时间内比较稳定的传统民俗。

我们可以看出,传统民俗作为人类所创造出的精神成果,在社会发展到相对高级的阶段时,也可能会与社会的发展出现冲突。这时对于传统民俗的局限性,就有进一步发展完善的必要,因为这些扎根于人们心中视为非常重要的东西不一定是完全科学的,也存在可以被我们继承的精华和应该予以摒弃的糟粕。比如某地区少数民族的具有代表性的能够体现文化多样性的风俗习惯就应该传承下去,而对于鬼神的畏惧等迷信思想是应该抛弃的。但是往往我们认为应该抛弃的这些被人们称为观念的无形的习俗却在民众心中有着很高的地位,是虽有差异但普遍存在的

---

[1] 陈启伟主编:《现代西方哲学论著选读》,北京大学出版社1992年版,第71页。

东西。它是人们现实存在的利益需要,伴随社会的存在而很难消失,又会对社会产生潜移默化且深远持久的影响。

社会在不断地发展进步,城市化发展就属于社会发展的高级阶段,是现代价值的体现。城市化发展是人类社会具有现代城市特征之演化的历史过程,合理的城市化发展可以改善环境,使环境有利于人们生活水平的提高;能带动区域经济发展,提高区域整体的经济发展水平,使地方居民的经济收入增加;能提高生产效率,有利于城市化的继续推进;能创造出更多的就业机会,使劳动力向城市的众多产业转移;能推进科学技术的信息化,加快科技创新;能促进城市与乡村文化的融合,缩小城乡发展差距。

在近些年我国城市化发展的进程中,人们也逐渐在改变旧的与现代化发展不适应的生活方式,享有了更加便利的生活,获得了更多的物质利益和精神利益上的享受。这是城市化发展带给人们的实惠和好处,从现阶段我国居民整体生活水平的提高可以得出结论。

在不宁适型公共设施的兴建中,传统民俗代表的传统价值与城市现代化发展代表的现代价值发生了冲突,导致设施附近居民抵制此类设施的兴建。这源于我国有些地区的居民还保留着一些与社会发展不相适应的应予以摒弃的传统民俗,如一些迷信思想的存在。这些想法都是民众不愿意在其居住地附近兴建这类公共设施的原因。但是城市化发展需要建造公共基础设施以满足社会民众的生活需要,殡仪馆和公墓都是人类生活中必然会接触到的公共设施,没有人能置身事外。政府也必须要满足公民生活需要兴建这些设施。

总之,我们要看到这种传统价值与现代价值冲突的必然性,也要看到传统价值存在的长期性和迈向现代价值的趋同性,尽力使传统民俗与城市化发展相融合,以避免不宁适型公共设施中冲突的发生。

（二）传统价值与现代价值冲突的表现形态

不宁适型公共设施选址中传统价值与现代价值的冲突主要是传统民俗与城市化发展的冲突，其表现为城市化发展的必然结果，传统民俗存在地区差异和可通过科学文化教育缓解冲突三个方面。

1. 城市化发展的必然结果

近年来，我国的城市化发展进程加快，在带来经济飞速发展和人民生活水平提高的同时，也引发了一些问题，如资源破坏、耕地减少、生态环境恶化、交通拥挤、住房紧张和就业困难等。这是每个国家在城市化发展中都会面临的问题，并不是在我国才会发生。

一个地区的城市化建设就必须要建造有利于民众生活需要的生产设施和生活设施。公共设施与人们生活联系紧密，是必须要兴建的。这些公共设施就包括受到民众欢迎的设施和会引起民众反感的设施，大家都希望在居住地周围建造受到欢迎的设施，如学校、公园等，都不希望在自己附近建造不受欢迎的设施，如殡仪馆、公墓等。殡仪馆和公墓的确会引起人心理的不舒适，这和人的传统迷信思想有关，不会轻易消除，也是可以被理解的。但是这种公共设施每个人又都需要，它是惠及大众的设施，其受益主体还是民众自己，所以是城市化发展中必须兴建的。

我们既然认识到这些设施兴建的必要性，就要把它看成城市化发展中所必须要面对的问题。解决问题的关键就需要政府在进行城市发展决策时考虑到传统民俗的存在，合理规划布局，减少这种公共设施所给周围民众带来的心理不舒适感，使这种设施能像令民众受欢迎的设施一样融入居民的生活环境中，至少是不会使设施周围民众太过于反感而引起冲突，达到人与社会、自然的和谐状态。

2. 传统民俗存在地区差异

从我国各地区的传统民俗来看，在自然环境较好的地区，人们对于宗教信仰的程度相对较低;而在自然环境相对恶劣的地区,人们则容易有宗教信仰崇拜,愿意相信鬼神帮助他们摆脱自然力的束缚,在精神上有所寄托,希望神灵能帮助他们从此过上幸福快乐的生活。在一些新开发的地区,民众很少有传统习俗;而历史文化越悠久,宗教信仰民众越多的地区人们越会对传统民俗加以维护。发达地区群众大多较理性,能正确地看待问题,把不够科学、不够理性的传统道德习俗加以摒弃,在社会的现代化进程中进行磨合与调试,去适应社会的发展;而不发达地区的部分民众不愿抛弃与社会现代化不相适应的传统习俗,他们只相信自身传统道德习俗的正确性,只遵循保守陈旧的习俗,不愿接受新事物。

这种传统民俗存在的地区差异与民众生活的自然环境、历史文化传统和发展程度不同有关。首先,在自然界中生活的人,生存环境必然对其思想和行为造成很大的影响。法国著名启蒙思想家孟德斯鸠强调自然地理环境不同会导致民族精神的差异,我们可以得出的结论是地理位置和土壤、气候条件会造成人们有不同的利益需求,进而对民族精神的形成有重要影响。[1] 各地区自然环境差异会导致人们生产方式和生活方式的不同,对宗教信仰信奉的程度也有很大差别。其次,任何民族的传统习俗,都是在长期社会发展中逐渐形成的,是社会历史在它的某一个发展阶段留下的产物。每个地区的民族都有自己特殊的民俗,显现出与其他民族的不同。各民族的传统习俗也因其历史传统文化的相异而呈现多元性。最后,地区之间经济的发展程度不同会导致民众对传统民俗的看重程度不同。一般来讲,经济发展较缓慢的地区往往对传统民俗文化更加看重。

所以,我们在面对不宁适型公共设施选址地附近民众的诉求

---

〔1〕 鄂振辉:《自然法学》,法律出版社2005年版,第114－115页。

时,要考虑到因地区的自然环境、历史文化传统和发展程度差异而引起的民众对传统民俗看待的不同,有的地区民众的迷信诉求虽然不合理也不被法律保护,但是由于这种传统民俗思想毕竟从古至今都存在,而且有的地区发展比较落后,人们思想较为愚昧,对这种迷信思想深信不疑。我们在作出决策时要对他们的这种诉求予以尊重,照顾他们的情绪,尽量采取有效方法妥善处理以避免冲突的发生。

3. 可通过科学文化教育缓解冲突

不宁适型公共设施选址中的邻避居民的传统民俗与现代城市化发展之间的冲突是可以通过开展科学普及文化教育活动来缓解的。

一般来讲,当某地区人们文化教育的层次较高时,便能客观地看待问题,很少搞迷信活动,也愿意以理智的方式与政府决策部门进行沟通,用合法的方式提出建议。但对于民众普遍接受文化教育程度较低的地区,尤其是边远山区,其中有部分人因为对一些自然现象不了解和受祖祖辈辈流传下来的习俗的影响,使他们看问题带有主观臆断的色彩。他们只相信自己的宗教信仰,而且这种想法根深蒂固,不容易被改变。

国家可通过向地方民众,尤其是对于经济和教育落后的地区普及科学文化知识,使民众认识到鬼神观念多源自人们对生老病死之自然法则的畏惧与困惑,是虚无缥缈而且在现实中根本不存在的;使群众对殡葬的形式与意义能正确看待,在心理上消除迷信的东西。大多民众会因为文化知识水平的提高,更加科学理性地看待问题,慢慢抛弃民俗中不合理的东西,抛弃不适于社会前进方向的部分,树立科学的价值观,把所谓的在心中根深蒂固的传统民俗与当代社会的城市化发展相融合,避免与国家决策机关发生冲突,理性地解决城市化发展中出现的问题。

二、污名化型公共设施选址中的利益冲突

污名化型公共设施选址中利益冲突的产生原因是正义价值与自由价值的冲突。对特殊群体利益的保护代表着正义价值，社会大众需要的增长代表着自由价值，这两者在污名化型公共设施的选址中也会产生冲突，呈现相应的表现形态。

（一）利益冲突的生成

正义价值也是一个制度良好的社会所要优先满足的价值。社会正义体现为对社会中每一个人的权利都要平等地进行保护，不能歧视或牺牲某个人或某类群体的利益，即使必须要让他们做出牺牲，也要给予他们某种形式的合理补偿以彰显公平正义。政府为保护某些特殊群体而兴建的精神病治疗机构、戒毒中心、社会流浪人员救助机构和监狱等污名化型公共设施就是为了保护他们的生存权利，以达到社会正义。

这些特殊群体指的是有精神疾病、因戒毒而强制治疗、因犯罪而服刑和因无法正常生活而流浪等需要救助的人。称这些人为特殊群体是由于他们不能像正常人一样生活，需要社会的帮助才能向正常生活复归。这类群体是社会中的弱势群体，在每个社会都会有一部分存在。他们中的很多人在经过政府提供的救助后还能像正常人一样生活并为社会创造更大的效益。如果社会不对他们提供帮助，他们只会以更加极端的方式来报复社会或走向灭亡。我们不应歧视他们，应该对其予以救助以实现正义价值。

我国已经全面建成了小康社会，人们的物质生活水平在不断提高。党的十九大报告指出：中国特色社会主义进入新时代，我国社会主要矛盾已经转化为人民日益增长的美好生活需要和不平衡不充分的发展之间的矛盾。社会民众对美好生活需求的增长，不仅体现在对美好生活的物质需求方面，也体现在对美好生

活的精神需求上。这种精神需求的增长就属于人在意志自由方面的追求,是人自由价值的体现。

我国社会经济的发展水平确实在不断提高,但是经济发展也带来了自然资源的破坏和生态环境的污染、患病率的上升和吸毒等犯罪人数的增加,这些自然环境和社会环境的变化令人担忧,人们对良好环境的需要更加强烈。社会大众都希望在一个自然环境和社会环境较好的地方生存居住。

污名化型公共设施选址中对特殊群体利益的保护所代表的正义价值与社会大众需求增长代表的自由价值发生了冲突,究其原因就是由于社会发展到一定程度时,社会大众对生活的需要会不断增长,他们都希望生活在一个自然环境优美、公共设施齐备、治安环境良好的社区,谁也不愿意自己的居住地附近有精神病治疗机构、戒毒中心、社会流浪人员救助机构和监狱这样的污名化型公共设施,这会使人心理上有强烈的排斥感,使人感知到有可能存在的安全风险,影响他们的生活环境,因此会对这类设施加以抵制。

所以,我们对于这种正义价值与自由价值之间的冲突要客观地看待,不仅要看到其产生的必然性,也要看到其特殊性。在兴建这种污名化型公共设施时要尽量在满足社会大众精神需求的前提下实现对特殊群体利益的保护,避免发生不必要的冲突。

(二)正义价值与自由价值冲突的表现形态

污名化型公共设施选址中正义价值与自由价值的冲突主要是对特殊群体的保护与社会大众需求增长的冲突,其表现为对特殊群体的保护体现正义价值、大众需求增长是人意志自由的体现和可通过对特殊群体防范和管理缓解冲突三个方面。

1. 对特殊群体的保护体现正义价值

政府为保护某些特殊群体的利益而兴建公共设施是一个国家的政府在进行行政管理中必然要面对和解决的问题,也是正义价值的体现。社会正义是对每个公民基本权利的保护，是一个社会得以正常运转的前提。社会正义价值的实现与个人的自由价值相比应放在首位。正如美国的斯通大法官所说："人不能仅仅为自己而活着，他也不可能孤立地存活。在整个人类社会中，组织工作的意义极为重大，人们为所欲为的权利必须服从市区规划法令。而在何处划定能标志个人权利的恰当范围与政府行动的恰当范围之间的界线是宪法的永恒课题。"

政府为实现社会的整体正义必然要保护一些有特殊需要的群体的利益，对其他人的一部分意志自由予以限制。我们绝不能漠视对他们的保护，要兴建一些设施来对此类弱势群体的利益进行保障，这是我们社会主义国家的本质要求，也是政府具备良好执政能力和政府管理能实现公众福利最大化的体现。

总之，社会正义的实现是一个国家应遵循的首要价值。它需要政府合理合法地行使自身的行政管理职能，需要这个国家的社会成员能放弃自己一部分行使自由的权利，即需要这个国家中所有主体的精心维护和灌溉。

2. 大众需求增长是人意志自由的体现

人是社会活动的主体，他们的思维、实践和生活方式决定并影响着社会文明的形式和内容，在这个过程中也在推进自身的发展。正如学者所言："所谓的世界历史其实就是人类在自然界的生产劳动中诞生的过程，所以是自然界于人类而言的生成过程。"[1]

英国的著名经济学家约翰·密尔认为："公民自由也可称为社会自由，其包括意识的内向境地自由，这种自由要求最广泛的良心自由、思想和感想的自由，不论是实践或思考、科学研究或宗

[1] 《马克思恩格斯全集》(第42卷)，中共中央马克思恩格斯列宁斯大林著作编译局编译，人民出版社1979年版，第131页。

教信仰等思想情操上绝对的自由。”[1]可见人的意志自由包括很多方面,如人对于生活需求的增长。而污名化型公共设施附近的居民对周围社会环境良好的需求就是人意志自由的体现,这种意志自由是合法的,也是值得国家保护的。

但是政府为实现社会正义必然要使人的自由受到一定的限制,这种限制的度也能够显现出政府的执政艺术,即是否能在保证公民一定自由的基础上还能实现对社会正义的维护。

所以我们一定要充分重视个人与他人、个人与社会之间互动的关系,既不能过分地为实现社会正义抑制个人自由,更不能以对个人过分自由的追求去阻碍社会正义的实现。

3. 可通过对特殊群体防范和管理缓解冲突

污名化型公共设施选址中的国家对特殊群体利益的保护与社会大众需求增长的冲突是可以通过对特殊群体加强防范和管理来缓解的。

污名化型公共设施兴建的目的就是保护某些特殊群体的利益。这些特殊群体之所以特殊是他们因所患的心理、生理上的疾病或特殊情况所导致的与正常人不同,对于社会大众来讲有一定的人身危险性,设施附近居民会认为自身的安全受到威胁,影响自己的正常生活。比如,他们会认为精神病治疗机构的病人会不会跑出来会对他人进行侵害但是不负法律责任;戒毒所里的吸毒人员会不会使地区治安受到威胁;社会流浪人员救助机构里的人因为长期不能解决温饱是否会想改变现有生活状态而盗窃或抢劫其他人;监狱里的人都是以前有过犯罪前科的人会不会再次犯罪。这些都是设施附近居民会考虑到的此类特殊群体可能出现的影响他们生活安全的问题。

国家可通过对污名化型公共设施中特殊群体所带来的安全

---

[1] [英]约翰·密尔:《论自由》,许宝骙译,商务印书馆1982年版,第13页。

危险加强防范和管理,使设施附近居民能够安心地生活在设施附近。这些安全措施必须能够对特殊群体可能带来的危险进行有力控制或是能减少甚至消除危险的发生,而且这些防范管理措施必须能给他们带来真实存在的安全感。这样对于污名化型公共设施附近的居民而言,就不会因为自身安全受到威胁的问题对此类设施的兴建予以抵制,避免与政府之间发生冲突,设施选址也会顺利进行。

第三章　邻避设施选址中利益冲突的权衡

对于不同邻避设施选址中的利益冲突而言，往往涉及多主体之间的利益。这些利益都属于值得保护的正当利益，错综复杂而又必须予以考虑。这就需要我们引入利益权衡理论，采用利益权衡的原则和方法对邻避设施选址中引发利益冲突的共性因素和个性因素作出分析，以为化解不同邻避设施选址中的利益冲突采取有针对性的解决办法。

第一节　邻避设施选址中利益冲突权衡的原则和方法

在邻避设施选址中运用有针对性的权衡原则和方法能对引发邻避设施选址中利益冲突的因素的权衡起到良好的指引作用。所以对引发各类邻避设施选址中利益冲突的不同因素进行权衡时应适用正确的权衡原则，采用有效的权衡方法。

一、邻避设施选址中利益冲突权衡的原则

利益冲突权衡的原则是利益主体在对各种因利益产生的矛盾进行衡量过程中应遵循的，能积极发挥法律控制作用的基础性和根本性准则。利益权衡的宗旨遵循“统筹兼顾”和“力争双赢”的平衡理念。对邻避设施选址中引发利益冲突的因素进行权衡的具体原则包括：正当程序原则、比例原则和紧缺利益优位原则。

（一）正当程序原则

正当程序原则是能够体现程序方面正义性的一项重要法律原则，在宪法中具有核心的地位。正如美国的著名法官本杰明·卡多佐所述：“不经正当的法律过程，无人应该被剥夺自由，这是个最具有普遍性的概念。”[1]

正当程序包括程序的分化、对立面的设置、程序中立、自由平等且实质性的参与、理性对话和交涉、信息充分和对等、公开、及时和终结性八个构成要件，能促进法治社会所追求的实体目标的实现，增进效益和福利，限制国家权力恣意以保障公民权利，保证决定的正当化和对人尊严的尊重。[2]

正当程序要求因应现代法治控制权力的趋势。国家机关的行政工作人员必须要在遵循正当法律程序的前提下行使权力，在程序方面要满足最低限度的公平。国家机关在进行行政决策过程中要保证不同利益主体实质性地参与，要告知利益主体在参与中享有的权利，公开程序的进展过程。

---

〔1〕［美］本杰明·卡多佐：《司法过程的性质》，苏力译，商务印书馆1998年版，第46页。

〔2〕张文显主编：《法理学》（第4版），高等教育出版社、北京大学出版社2011年版，第137－143页。

在这种正当程序指引下，各类利益主体能通过理性的交流，彼此理解、相互妥协直至对争议问题达成共识，实现利益的表达、权衡、选择和调整，在保障主体参与性权利实现的同时也能使实体权利实现获得最大的可能，它不仅能对权力做到根本性制约，也能对权利尽到最低限度的保障。这样也有助于协调不同利益主体之间的矛盾，保证实体正义的实现。

邻避设施的选址兴建需要正当程序的保障。行政机关在进行选址决策时要及时公开项目选址信息，以多种方式吸纳有可能受到利益侵害的设施附近居民和其他利益主体参加到决策中来，表达他们的利益诉求，主张自身的正当权利。行政机关要认真听取他们的意见和诉求并予以反馈，而且要把民众的利益诉求在决策中真正予以考虑，在如何解决冲突的多种方式之间认真权衡，以避免冲突的发生。这种正当程序的设置也是邻避设施选址中行政机关权力行使的边界和底线，能起到制约政府公权力的作用，避免行政机关因行使公权力而损害到特定主体的利益，引起政府与民众的矛盾，破坏社会的稳定。

（二）比例原则

比例原则起源于德国19世纪创立的警察法学，后来经过依法治国理念和公民基本权利的融入逐渐地扩充到行政法的所有领域，享有“帝王条款”和“皇冠原则”的美誉。它是指国家行政机关采取的实施行为的手段不仅要照顾到欲实现的行政目标，也要考虑到相对方的利益，而且要把行政行为对于相对方所造成的不利影响控制在最小范围内以使两者达成适当比例的原则。[1]

比例原则包括适当性原则、必要性原则和均衡性原则三项子

---

〔1〕 姜明安主编：《行政法与行政诉讼法》，北京大学出版社、高等教育出版社1999年版，第41页。

原则。适当性原则指行政机关所采取的行政手段之目的是维护公益,而且这种手段要有助于达到预期目的。它是从“价值导向”上规范权力与其行使主体采取的手段间的比例关系,体现了价值的正当性。必要性原则指在适当性原则满足后,行政主体在使用多种方式都能达到行政目的时,在不会违背或者减弱所追求公益目的之效果的前提下,尽量选择对相对方权益侵害最小或权利侵犯最轻的行政手段,即该手段对于行政目的之达成是必要的。它是从“方式导向”上规范权力与其行使主体采取的手段间的比例关系,体现了手段的正当性。均衡性原则,又称狭义比例原则、相称原则,指的是行政主体所采取的措施可能对公民权益所造成的侵害不应当超过为实现行政目的所追求的公共利益,手段必须与目的保持适当、合理和均衡的比例关系。它是从“法律后果”的角度来规范行政权力和其所采取的手段之间的比例关系,体现了结果的正当性。

行政主体在行使公权力时适用比例原则主要体现在与其三个子原则即适当性原则、必要性原则和均衡性原则相对应的价值、手段和结果的正当性三方面。

第一,价值正当。政府公共政策的性质和方向以及其合法性和公正性的程度一般都由价值标准来决定。[1] 要使利益冲突的解决合法、有效和公正,就一定要确立符合社会公众所适用且期待的正当的价值标准。社会价值期待的核心是正义公平,所以对于利益冲突的解决应秉持正义公平的价值要求。[2] 正义公平需要代表公共利益的政府在解决冲突时能用法律和政策伦理有效规范主体行为,抑制自身利益,体现个人利益的合理诉求。

---

〔1〕 张国庆:《现代公共政策导论》,北京大学出版社1997年版,第49页。

〔2〕 石火学:《公共政策视域中的公共利益解读》,载《理论探索》2012年第4期。

第二,手段正当。解决利益之间的冲突应采取正当的手段,"正当"的理解应该是民主、合法和衡量。民主意味着合作,有助于实现公共利益的最大化;合法即解决冲突的手段一定要在法律的秩序之内;衡量即指在具体个案中对利益冲突要进行具体考量,确定双方利益如何取舍以及取舍的程度。衡量能减少冲突,使社会最大福利得以实现。

第三,结果正当。利益冲突解决的结果是否正当在于以每个社会成员尤其要以最少受惠的社会成员会得到利益补偿为宗旨。虽然每个社会成员的天生素质、性别、种族、能力和教育背景等因素都有不同,导致每位社会成员最后分到的社会资源份额也会有所不同。但社会合作是互利的,共同体要保障的不应仅仅是绝大多数成员之利益,其终极目标应是使每一位成员利益都能够得到保障。

邻避设施选址中利益冲突的发生与行政主体如何进行行政决策有很大关系。行政主体只有遵循比例原则才能对多方面利益更好地权衡,避免发生利益冲突。

首先,行政主体在邻避设施选址中要充分考虑利益主体的需求,绝不能不顾当地居民的理性需求,为推进设施的建成而强行以为实现公共利益为名去侵害他们的环境利益,一定要在坚持实现正义公平的基础上实现社会的发展。

其次,行政主体要与附近民众进行协调,事先与民众进行沟通,使他们在知情的情况下为保护自身利益与政府进行谈判,商讨把损失降到最低的办法。利益代表方必须要在法律规定范围内进行协商,任何一方不能采取非法手段解决冲突。无论是立法、行政还是司法机关,对冲突所涉及的利益主体和具体的利益内容以及可能引发的后果要全面分析,并加以权衡比较,以保持稳定的社会秩序。

最后,行政主体要在选址时进行权衡,尽量把损害人数降到最低,了解附近居民的诉求,而且要对受到损失的居民给予与他们的受损害程度相当的各种形式的补偿,以弥补他们受到损害的环境利益。正像帕累托最优理论希冀达到的那样:在经济中如果没有一个人可以在不会使他人境况变坏的同时能使自己情况变得更好,那这种状态就可以说是达到了最优的资源配置。这样既能保证利益实现的最大化,又能保证解决结果上的正当性,实现利益冲突解决方面的“双赢”。

(三)紧缺利益优位原则

紧缺的意思是缺乏、短缺。紧缺利益就是在一定时空条件下暂时缺乏的难以获得或提供的利益。这种紧缺利益既包括因自然原因导致的自然紧缺利益,也包括因主观原因导致的人为紧缺利益。但是这两种利益的紧缺也并不绝对,我们要在分清利益差异的基础上对时代背景下的利益冲突进行正确认知并认真对待。[1]

在当今社会,无论是自然还是人为导致的因环境污染或是生态破坏导致的利益紧缺,都会损害人类最基本的生存和发展,是对“人之为人”的基本要素与条件的严重损害,是必须要采取紧急并且严格的措施来解决的事情。康德曾言:“人之所以‘成为人’,是他们应实现作为人类做任何事情欲实现的最高价值,这也是人类生存的首要法则。”[2]因此我们可以认为,对紧缺利益方面的关注应属环境法人文关怀的题中之义。

在当今的环境时代中,生态环境的破坏导致了严重的自然资源紧缺和环境污染的泛滥,环境利益也和其他利益一样成为人类

---

〔1〕 李启家:《环境法领域利益冲突的识别与衡平》,载《法学评论》2015年第6期。

〔2〕 [德]伊曼努尔·康德:《实践理性批判》,邓晓芒译,杨祖陶校,人民出版社2004年版,第30-37页。

的需要,甚至与其他利益相比而言成了更为紧迫的需要。

紧缺利益优位原则要求在特定的时空条件下考察环境法领域所产生的主体利益冲突,对于相对较紧缺的利益要予以优先保护,注意时空上的阶段性。第一阶段属于环境的破坏能依靠自然进化能力自行治愈的阶段。这时经济发展尚处在环境容量或生态承载能力的限度之内,环境利益并不是紧迫需要,应先把经济利益放在首位,满足人最基本的物质生活需要,提高人们的物质生活水平。第二阶段则属于因环境已经遭到破坏靠自然界自身修复至原有状态已无可能的阶段。也就是说如果当今社会的经济发展已经对自然环境过度消耗而使环境严重破坏超出自然能接受的限度,对人类的生活环境造成了极其严重的不良影响时,我们一定要把这种紧缺的环境利益放在首位。[1]

邻避设施选址中的利益冲突往往与是否造成生态的破坏和环境的污染有关,因为这会影响人们的身体健康和生存的环境。人们在社会生活中对物质生活条件的要求使其有了经济利益的需要,在当今生态环境已接近承载力临界值的时代人们又有了环境利益的需要,这种利益因其鲜明的时代特性而对人类显得弥足珍贵。有些邻避设施的兴建确实能推动当地的经济发展,从长远角度看也会使大众获得经济上的实惠和物质生活水平的提高,但是这种设施兴建后对环境的破坏和影响以及因环境破坏对人身体健康造成的损害是很难予以弥补的。对于环境保护和经济发展而言,何种利益在特定的时代条件下更为紧缺,则自然就应该优先予以保护。

二、邻避设施选址中利益冲突权衡的方法

利益权衡原则可以说是贯穿整个利益衡量思想中的根本准

---

〔1〕 王灿发:《论生态文明建设法律保障体系的构建》,载《中国法学》2014 年第 3 期。

则，但如何进行利益的权衡，即利益权衡的具体方法则属方法论的范畴。

德国学者克莱认为："我们应以'质'与'量'的价值标准来进行判断。次序最优先的价值，应该是'质最高'且'量最广'的价值。""质最高"是指如需要权衡的利益所承载的为不同类型价值时，那么应把与受益人生活需要紧密性越强的价值看作"质最高"的价值。"量最广"是指如果待权衡利益承载的是同种类型价值，那就以受益人数量而定，尽可能促使最大多数人均沾福利的就是"量最广"的价值。[1]

在邻避设施选址中，笔者认同克莱的"质最高、量最广"的判断标准来作为对引发邻避设施选址中利益冲突的因素进行权衡的有效方法，具体做法为以价值目标和受益人数来比较"质"的排序和对比"量"的多少。

（一）价值目标比较下"质"的排序

德国学者卡尔·拉伦茨阐明要想解决利益冲突应该首先依照基本法律设定的价值秩序。他在论著中描述："当比较不同位阶的利益时，人的生命或尊严利益的位阶就应高于财产利益。当比较相同位阶的利益时，因为位阶相同不能抽象比较，所以我们要把待比较的两种利益进行权衡，不仅要看每种利益的受影响程度，还要看当某种利益作出让步时可能遭受损失的程度。"[2]

法属于社会意识中的上层建筑范畴，法的基本价值是贯穿在法的整体中被社会大众所认可的抽象的道德目标。历史上的众

---

〔1〕 陈新民：《德国公法学基础理论》（上），山东人民出版社 2001 年版，第 203 页。

〔2〕 [德]卡尔·拉伦茨：《法学方法论》，陈爱娥译，台北，五南图书出版公司 1999 年版，第 319－320 页。

多法学家们都未停止对法的基本价值的探寻。后期新自然法学派的代表学者菲尼斯把人类应具有的基本价值概括为生命、知识、社交、游戏、美感、宗教和实践理性。他认为人只有实现这些价值才能真正得到幸福。而且他根据这些基本价值推导出九个道德原则,它们分别是前后一致的生活规则、许诺、功效、超脱、服从良心、不偏爱每一种价值、不偏爱每一个人、在自己的任何行为中都对基本价值尊重和对人类共同幸福的期望。[1] 学者彼得·斯坦与约翰·香德则把秩序、公平和个人自由看作法的基本价值。[2] 但是对人类而言,生命价值者应属最可贵的价值,也应该是其他价值的前提。因为任何价值在人的生命的存在价值方面都显得没有意义。

在邻避设施选址中,行政权力主体必须先适用正当程序原则对具体的选址问题实施法律价值的判断,即在正当程序原则的指导下对各个利益主体的诉求作出具体价值的判断,这种价值判断绝不应与基本法律价值之间相矛盾。因为如果具体的价值判断与社会认同的基本价值体系相悖,那么最终的结果就会导致对根本法律价值的否定。[3]

行政权力主体在邻避设施选址中对公益与个益之间的利益冲突进行权衡时要在比例原则的指导下进行,体现价值的正当性。即要从二者不同的价值追求分析入手,因为二者的价值位阶不尽相同。公共利益最为显著的价值目标就是追求法律秩序的完善,而只有在完善的法律秩序中才能更好地实现个人利益。个人利益不能逾越的价值底线是生命安全利益,只有在刑法中个人

---

〔1〕 沈宗灵:《现代西方法理学》,北京大学出版社 1992 年版,第 79 – 80 页。

〔2〕 [英]彼得·斯坦、约翰·香德:《西方社会的法的价值》,王献平译,郑成思校,中国人民公安大学出版社 1990 年版,第 1 页。

〔3〕 [日]川岛武宜:《现代化与法》,申政武等译,中国政法大学出版社 1994 年版,第 251 页。

犯有重罪时这种利益才能被剥夺，否则这种个人利益是绝对的而且不能因公共利益而让步。也就是说在面对公益和个益之间的冲突时，要先对双方不能突破的价值底线有正确的认识，然后再在这种认识的基础上进行权衡。[1]

行政权力主体在邻避设施选址中对公益与公益之间的利益冲突进行权衡时要运用紧缺利益优位原则来实现"质"的排序。我们要注意到公益追求的价值位阶基本相同，都是对正义、秩序、公平等价值的体现。主要就是看在当时当地特定的条件下利益主体对何种公益最为需要，何种公益与人类能更好地生存之联系更为紧密。如果在对公益之间进行比较时，按照现在人类所处的时代背景下何种公益更为紧缺，对人类的可持续发展更为重要，那么这种公益就应该排在其他公益之前。这种方法也是紧缺利益优位原则适用的体现。但不可否认的是，在对相同位阶利益进行比较时要考虑不同条件下利益主体的生活需要，也不能不分特殊情况一概而论。

（二）受益人数对比下"量"的多少

对利益冲突衡量结果是否正当进行判断，采用多数规则是一个很好的方法。多数规则即采用民主的方法。这种方法之所以被广泛采用且被认为是最优方法，理由很简单，就是除这种方法外找不到比其更好且更合理的方法。

多数规则方法很早就被学者予以认可，古希腊著名哲学家亚里士多德曾指出："多数人的意志可谓之正义。"[2]美国学者罗尔斯认为多数规则方法能保障立法的正义性和公民权利的平等性。

---

〔1〕 钟云萍：《论宪法中公共利益与个人利益的衡量》，载《求索》2009年第2期。

〔2〕 [古希腊]亚里士多德：《政治学》，吴寿彭译，商务印书馆1965年版，第312页。

他指出:“公民政治权利平等的变化在于宪法在何种程度上被大多数人决定。”[1]这种多数规则的方法已经在实践中证明能保障立法的公平和社会正义。[2]

我们采用多数规则来进行利益衡量的理由至少存在以下两点:第一,每个人对一项法律或者政策的理解都不尽相同,所以每个人据此作出的判断也不尽相同,可能正确也可能错误。如果大多数人的判断相同,那么判断的正确率肯定比少数人要高。康多赛特也有相似的观点:“如果我们肯定制定宪法和法律的代表对立法意见作出正确性判断的可能性高,那我们就应该认同多数人表决的正确率一定高于少数人。”[3]第二,多数规则一般能形成较统一的意见,少数人的意见较多,有鲜明的个性化。法律具有普适性,需要社会大众达成一致的被大多数人所认可的统一意见,否则要按照少数人意见就无法制定出统一的成文法。彼得·斯坦和约翰·香德就认为:“法律制定的正确性并不只是看代表的决策是否明智,而是看这种决策是否被大多数人参与并建立在多数人的统一意见之上。”[4]我们可以看出,多数规则从某种程度上讲虽然不是最佳的判断标准,但也没有另外一种标准可以超越它。

在邻避设施选址中对公益与个益、公益之间的利益冲突进行衡量时,如果承载的利益类型相同,可以采用多数规则,即哪种利益涉及的人数最多,或受损害的人数最少方面来衡量。这也是适

---

〔1〕 John Rawls, *A Theory of Justice*, Cambridge: Harvard University Press, 1971, p. 224.

〔2〕 John Rawls, *A Theory of Justice*, Cambridge: Harvard University Press, 1971, p. 356.

〔3〕 John Rawls, *A Theory of Justice*, Cambridge: Harvard University Press, 1971, p. 358.

〔4〕 [英]彼得·斯坦、约翰·香德:《西方社会的法律价值》,王献平译,郑成思校,中国人民公安大学出版社1990年版,第198页。

用比例原则的体现。首先,要看为一类利益而牺牲另一类利益能否促进社会利益总量增大。如果牺牲一类利益来满足另一类利益的需要,而这种牺牲不能有利于增加社会利益总量,那么这种牺牲就应视为不平衡。其次,一类利益优先于另一利益时是否会损害到社会全体利益的总量。当一类利益的优先发展会减损到社会全体利益总量时,我们说这两种利益就属于失衡状态。只有在当一类利益优先于另一类利益时会增加或至少不会损害全体社会的利益总量时利益之间才算达到平衡。对两类利益进行衡量,就是指以不违反两类利益的最低价值目标为基础,最大限度地实现总体利益。〔1〕

当然,虽然"质最高、量最广"的利益判断标准可以作为我们在邻避设施选址中权衡利益冲突的依据,但这种判断毕竟存在一定的模糊性,我们也要依据比例原则进行具体问题具体分析,在实际个案中对利益冲突开展有针对性的考量。正像胡伯曼所言:"每一种类的价值都有阶层的高低,必须要在个体案例中按照具体情形进行考量。"〔2〕拉伦茨也同样指出:"采取'在个案中进行利益衡量'的方法,是因为缺乏一个可以像读图表一样获得结论的,由所有利益及价值共同构成的阶层秩序。"〔3〕所以我们在对邻避设施选址中的利益冲突进行权衡时,必须关注个案,辨别各类邻避设施选址中不同主体间利益冲突的特点,从社会的整体效益方面来进行综合考虑,具体问题具体分析,争取选择最佳方法保障和平衡主体之间的利益,创造出最大的社会整体效益。

---

〔1〕 钟云萍:《论宪法中公共利益与个人利益的衡量》,载《求索》2009年第2期。

〔2〕 [德]卡尔·拉伦茨:《法学方法论》,陈爱娥译,台北,五南图书出版公司1999年版,第9页。

〔3〕 [德]卡尔·拉伦茨:《法学方法论》,陈爱娥译,台北,五南图书出版公司1999年版,第313页。

第二节 邻避设施选址中利益冲突权衡的因素

邻避设施种类较多,在各类设施选址中的利益冲突错综复杂,需要把在这些邻避设施选址中可能引发利益冲突的应予以权衡的共性因素和个性因素都考虑进去,仔细权衡每项因素与冲突的联系,以便在邻避设施选址中加以注意,避免引起不同主体之间的利益冲突。

下文我们先提炼出引发各类邻避设施选址中利益冲突的共性因素作出分析,再针对它们各自性质对引发这些邻避设施选址中利益冲突的个性因素加以研究。

一、邻避设施选址中利益冲突权衡的共性因素

邻避设施由于自身具有的不利特性导致公众不愿意与之相邻,政府在邻避设施的选址中会遇到一定的阻力,引发政府与民众之间的冲突。所以政府无论兴建哪种邻避设施,都要考虑受损人数、补偿额度这两个作为邻避设施兴建必须应考虑的共性因素。

(一)受损人数

邻避设施包括邻避公共设施和邻避生产设施,它们都是直接或间接地能使公众获得一定实惠的设施,但是也会使附近居民承受一定的污染风险或有心理排斥感。出于对自身身心健康等因素的考虑,没有任何居民愿意在邻避设施附近生存,也没有任何居民愿意承受这样的污染风险和心理压力。他们虽愿意享受邻避设施带来的好处,但又不愿意仅由自己承受邻避设施的不利影响,所以他们都愿意邻避设施兴建在离自己远的地方,这就需要政府在邻避设施选址时考虑民众的这种利益诉求。如果邻避设施是有必要兴建的,就尽量把邻避设施兴建在居民人数少的地

方,避免使更多的人承受风险,避免使更多的人受到可能出现的身心损害,使政府、企业与民众之间的利益冲突范围缩小,这样选址与会使受损居民人数众多的安排相比更有利于冲突的解决。

在邻避设施选址中对设施附近居民人数进行权衡是从“损害最小”方面来考虑的。政府的行政行为要尽量避免损害到社会民众的利益,因为政府是人民群众的委托人,是公共利益的代表者。但是有时政府的行政行为不可避免地必然会侵害到一部分群体的利益,也就是说当损害非此即彼,不可能有无损害的选择时,就需要政府进行权衡。

在这种情况下,政府就应该考虑到哪种方法能使民众受到的损害最小。因为人与人之间是平等的,我们只能假设每个人能够承受风险的程度是相同的。为了把邻避设施给民众带来的损害降至最低,政府就应该选择在居民人数最少的地方兴建而不应该在民众较多的居民聚居区兴建,这样也符合社会大众的心理预期,是易使民众接受的方式。

(二)补偿额度

政府的行政行为如果可能侵害到部分群众的利益,应该本着公平原则给予适当补偿,这是宪法的规定,也是我国法律的立意所在。

邻避设施由于成本与利益分布不均衡的特性会使社会大众获得好处,而使周围民众承受风险,带来一定的身心损害。从社会公平的角度考虑,也需要政府在进行邻避设施选址时给予设施附近居民补偿。给予补偿是取得利益必须支付对价的体现,即一方确实受到必须付出的损失,并且损失是他人所得,那么利益的获得者则必须支付对价,对价就是给受损者的补偿,这也是经济学、政治学与法学的共同原理。[1] 邻避设施附近居民获得一定的补偿能使设施附近居民的不公平感得以缓解,也能避免冲突的发生。

在邻避设施选址中对补偿额度进行权衡是从“损失最小”方面来考虑的。补偿的额度是可以由居民和政府、企业进行协商的。由于居民对邻避设施的风险认识程度相异,对于补偿的要求也不尽相同。政府在进行邻避设施选址时给予设施附近居民一定补偿从某种程度上讲相当于与居民作了交换,因居民承受的风险较大而支付一定对价。这种对价属于公共支出,应该是越少越好,这也符合社会大众的利益。

政府要在邻避设施选址时进行权衡,从多个备选方案中找寻一个需要给予设施附近居民补偿额度最低的设施兴建地址,在居民同意的基础上给予其适当的、合理的补偿。

二、污染风险型公共设施选址中利益冲突权衡的因素

污染风险型公共设施属于能提供给市区范围内居民便利的公共设施,这种设施由于会给附近居民造成一定范围的污染,使他们承受健康可能受到损害的风险,所以会遭受设施兴建地附近居民的反对。但是这种公共设施因有满足部分区域居民生活需求的特性而具备兴建的必要,这就需要政府在对污染风险型公共设施进行选址时根据它的性质考虑把这类设施所带来的污染风险降到最低。

对于污染风险型公共设施选址中可能引发的利益冲突应予以权衡的个性因素包括三类,分别是设施兴建的必要性、较小范围内居民的需求量和设施对居民区的污染程度。

---

〔1〕 李启家:《环境法领域利益冲突的识别与衡平》,载《法学评论》2015 年第 6 期。

（一）设施兴建的必要性

污染风险型公共设施在一个城市的发展建设中有着重要的作用，它是一种能满足居民基本生活需要的设施，但是这类设施在运作时会带来侵害邻避居民身体健康和污染环境的负外部性。这就需要政府在进行城市规划时不能盲目地以满足居民生活需要为由兴建太多的污染风险型公共设施，这样既会造成公共资源的浪费，又会给城市带来更多的污染，使更多人承受身体健康可能受到侵害的风险。

政府在此类设施的兴建中要本着减少污染的原则设法考虑是否可以用替代性措施解决居民生产生活需要问题。如果可以采用，就没有必要兴建这类污染风险型公共设施。仍以垃圾焚烧厂举例，比如某居民生活区域虽然没有垃圾焚烧厂，但可以考虑由某区域内每户居民交纳垃圾处理费的方式把垃圾运到其他区域的垃圾站进行处理，其他区域的垃圾站再以金钱或别的方式回馈给本区域的居民。这样能够避免在城市新的区域内产生污染，引发不必要的当地居民与政府之间的利益冲突，而原来区域本就有垃圾处理设施，虽然增大了垃圾处理量，污染排放物比原来增加，但是此区域的居民也能得到相应的货币与福利补偿。当然，这种替代性措施的采用也并不是在任何情况下都可以采用的，要根据当地居民排放的垃圾总量和设施的处理容量来确定。

（二）较小范围内居民的需求量

污染风险型公共设施是为了较小范围内居民的生活需要而建的。这类设施的兴建需要政府考虑市区内居民对此类设施需求量的大小，如果某个居民区人数较多，而且这里生产设施以及服务设施众多，这里的居民对污染风险型公共设施的需求量就较大，政府就应该考虑是否需要在这个区域合适的地点建造此类设施以解决居民的需求。如果几个居民区人数都较少,生产设施以及服务设施较少,居民的需求量就较少,政府就可以考虑在这几个相近的居民区附近的比较合适的地方兴建这种污染风险型公共设施,以便于几个居民区共同享用,不仅能解决这些居民的生活问题,而且也不至于造成太大的环境污染。污染风险型公共设施兴建的数量既不是越多越好,也不是越少越好,数量应该适中,以满足此范围内居民的需要。

污染风险型公共设施建得太多会带来更多的污染和引起不必要的冲突,就违背了这类设施兴建的初衷;建得太少还不能满足社会公众的生活需求。所以政府在对污染风险型公共设施进行选址时要仔细考察较小范围内居民的需求量,如生活垃圾的多少、用电的需求等。只有对较小范围内居民的需求量有正确的认知,才会对污染风险型公共设施作出适当的选址决策,既满足了当地居民的生产生活需要,又减少了对当地环境的污染,这样也就会避免当地民众与政府之间的冲突发生。

(三)设施对居民区的污染程度

污染风险型公共设施之所以会被附近居民厌恶,是由于设施具有的负外部性效应,即设施所带来的对附近环境的污染会损害当地居民的身体健康。政府要考虑污染风险型公共设施可能给居民区造成的污染以及污染的程度。

政府首先要考虑设施兴建地所在城市区域的性质。如果这类区域是繁华区、学校或医院所在地,那么政府就不应该选择这样的区域。因为这些地区往往人流众多,建在这些地方也会使更多人承受污染风险型公共设施所带来的污染,如果这类区域是地理稍偏的城区,居民人数一般会比较少,自然环境相对来讲也有助于污染物的消散,则可以在处理好附近居民的搬迁安置后选择在这样的区域兴建此类设施。

其次,政府兴建污染风险型公共设施时,一定要考虑设施和居民区之间的距离,因为它毕竟存在污染风险。虽然这种设施会满足一定范围内居民的需求,但是如果距离太近会使居民承受这种污染风险的程度加重,遭到邻避居民更强烈的反对。所以对于污染风险型公共设施而言,一定要把设施选在能恰好适应一个或几个居民区的需要的地方。既不能建得离居民区太近,也不能建得离居民区太远,需要建在一个适当的位置,既能满足居民的生活需求,使居民的生活更加便利,又能避免更多的居民处于污染风险之中。这种设施的兴建位置也一定要考虑交通是否便利以有利于运输或为设施的运作提供更多的方便,尽量减少对居民区造成的污染。

三、污染风险型生产设施选址中利益冲突权衡的因素

污染风险型生产设施是政府为推动国家或地区的经济发展而允许企业兴建的生产设施。这种设施能带动当地经济的发展或给大范围的社会公众带来实惠,但是由于这类设施的污染程度较高、范围较广,群众一般不能享受到直接的福利,所以特别容易招致附近居民甚至整个地区居民的反对。

政府在对污染风险型生产设施进行选址时要针对可能引发利益冲突的多种个性因素加以权衡,这些个性因素分别为设施兴建地区的经济发展程度和环境承载力、设施惠及大范围地区的经济效益和设施的污染程度以及防范污染的可能性。

(一)设施兴建地区的经济发展程度和环境承载力

我国由于地域面积广大、人口众多、地理环境存在差异和历史条件等原因,东部、中部和西部地区发展不平衡。东南部沿海地区由于自然环境较好,经济发展较快,这类地区的民众物质生活水平较高,对生活环境良好的标准也比较高。对于这里的群众而言,能呼吸新鲜的空气,吃上不打农药的绿色蔬菜和健康食品成为目前的主要需求,他们更需要在自然健康的环境下生存。而

中部特别是西部地区，自然环境本来较为恶劣，又因为西部大开发致使环境受损，生态资源受到破坏，经济发展一直较为缓慢。这里的民众生活条件很艰苦，物质生活水平也较低，他们更关心的是自己能否达到温饱，经济条件是否能好一些，以便于使家庭生活能够变好，子女能够接受良好的高等教育。对于这里的民众而言，对良好生态环境的需求相比之下就显得不是很强烈，经济发展与环境保护相比前者则更加重要。

政府在决定是否引进污染风险型生产项目时，要视本地区的经济发展程度和环境承载能力而定。因为这类设施毕竟会存在较高程度的污染风险，民众对于较高标准的良好环境需求使他们非常排斥此类设施的兴建。如果本地的经济发展水平较高，则政府就没有引进这类高污染项目的必要，即不必为经济发展而牺牲当地环境，如厦门本身经济繁荣，民众比较富裕，他们希望保持地方良好的生态环境，必然会反对 PX 项目的落地，所以才会引发厦门的 PX 反建事件。相反，如果本地的经济发展水平较低，需要引进一些高税收而且能带动当地经济发展和解决就业问题的项目来发展本地经济，就要权衡设施带来的经济效益和可能给当地环境带来的损害。如果经济效益非常可观，对当地环境的损害也比较轻，则可以引进此类项目，兴建这类污染风险型生产设施。如漳州古雷地区引进 PX 项目也是首先满足当地经济发展的需要。当然如果污染项目存在非常高的污染性，其带来的经济效益远不及或等同于对环境的损害，超出当地的环境承载能力或者会触碰生态红线，则这类项目就没有引进的必要。

政府在引进这类污染风险型生产项目时，一定要把经济发展程度和环境承载力两种因素放在一起权衡，不能因生产会破坏环境就停滞经济的发展，因为人类要生存下去，经济发展在任何时候都是我们必须要考虑的因素，也不能因盲目经济发展而超出环境的承载能力，这样等同于杀鸡取卵，因为环境受到根本性破坏时最终也会阻碍经济的发展。我们既要看到眼前利益,也要考虑长远利益;既要考虑当代人的利益,也要考虑后代人的利益。

(二)设施惠及大范围地区的经济效益

有些污染风险型生产设施不仅能给国家的大部分区域带来巨大的经济效益,还能解决社会公众的生活便利问题。如三峡水电站的经济效益主要体现在发电上,它是十多个省市的巨型电源点,能满足我国大部分地区电力的供应;大型核电站也能改善多地区用电紧张的局面。这些污染风险型生产设施还能有多种用途,如三峡水电站因巨大库容所提供的调蓄能力可以抵御特大洪水,有助于洞庭湖的治理和荆江堤防的全面修补;因极高的蓄水能力使川江通航条件日益改善,增加过坝的货运量以促进多个地区的经济发展。但是我们也要看到这些生产设施所带来的较大程度的环境污染,如环境的严重污染,生态环境尤其是水资源的破坏,导致人们无法饮用没有污染的水,损害人的身体健康;很多陆生珍稀植物会被淹没,破坏了生物的多样性。

政府在兴建这种污染风险型生产设施时,也要对这类设施所带来的经济效益作出预期评估,如果确实能给多地区民众带来巨大经济效益,还能解决民众的生活便利问题,那就一定要兴建这类设施,即便会产生环境污染也要建。但是要尽量避免更大的污染,对产生的污染也要采用必要的科技手段进行减少或消除。因为这种惠及大范围地区的经济效益是其他公共设施所不能达到的,所以有兴建的必要,这也是政府行使行政职能满足大多数人利益的体现。但是对于受到污染风险型生产设施影响的地区居民,政府就需要扩大对居民的补偿范围,增加对受影响范围内居民的补偿额度,也可采取多样化的补偿方式来抵偿居民所受到的损害。相反,如果污染风险型生产设施虽然能推动当地的经济发展,但可能会带来大范围的环境污染,影响更多民众的身体健康,使大范围地区居民的生存环境受损非常严重。也就是说,相对于当地的经济发展而言，这些负面性因素程度更高，那么对于此类项目就没有引进的必要，政府应该选择对这类高污染项目予以排斥。

（三）设施的污染程度以及防范污染的可能性

污染风险型生产设施由于污染程度较高，生产过程中所排放的污染物会对人体健康造成很大的损害，并且其所产生的负外部性往往会波及较大范围，不仅会使更多的人生命健康受到威胁，还可能会对当地环境，包括土壤、水源、草原、湿地以及动植物造成极大危害，甚至很难恢复。所以政府在选择是否引进这类污染风险型项目时，要对项目因污染可能会对当地居民造成的损害程度以及对环境的污染程度做出考量。如果污染风险型生产设施所带来的污染程度过高，城市规模又较小，引进这类设施可能会影响更多人的身体健康，使更大范围甚至整个城市公民的环境利益受到损害，那么就不应引进这类高污染项目，否则会引起大规模的冲突。如果污染风险型生产设施所带的污染程度还尚在可接受范围之内，城市规模又较大，那么可以引进这类污染项目，但要注意尽量采用先进科学技术避免或减少污染风险的发生。

污染风险型生产设施的特点是对环境的污染程度较高，但是有些污染物按照当今的高科技水平是可以得到妥善处理，直至减少或消除的。政府要对企业的环保科技水平和环保信誉作出考察，以确定污染风险型生产企业是否能对可能造成的污染进行技术上的消解。另外，政府也要考察企业是否具备先进的管理水平，是否能对后期的生产管理起到有效的监督。政府要从总体上考虑城市的发展，看城市里是否有地理位置适合、自然条件较好、能有助于污染物的消散、不会污染水源、又离居民区很远的区域能够兴建这类污染风险型生产设施，这样也能兼顾当地的经济发展和环境保护。

四、不宁适型公共设施选址中利益冲突权衡的因素

不宁适型公共设施是城市居民都可能需要的公共设施。从中国人的传统习俗和社会大众的心理来看,这种公共设施的特性会给附近居民带来一定的心理排斥感,使他们产生不舒适的感觉,一般会遭到设施兴建地附近居民的反对。这就需要政府根据其特性对设施的选址进行权衡。

对于不宁适型公共设施选址中可能引发的利益冲突予以权衡的个性因素可以分成两类,它们是设施对邻避居民造成不宁适的程度和避免设施对邻避居民造成不宁适感的可能性。

(一)设施对邻避居民造成不宁适的程度

对不宁适型公共设施周边的人文环境进行考量是非常必要的,尤其是要注重社会大众的心理与不同民族的传统习俗。我国地域广大,因自然环境、历史文化传统和地区发展程度的不同,各地区公众和不同民族之间的传统习俗也存在差异。东南部地区自然环境较好,经济发展速度较快,人们普遍都受过高等教育,看待问题比较科学客观。他们普遍接受火葬方式,对鬼神之说能够客观地评价。对于墓地等殡葬设施的修建,他们认为只要有合法的规划,并且修建此类设施能注意生态环境保护,不影响公民的生活,就算与之为邻也可以接受。而发展得比较缓慢的西部地区和乡村的民众有一部分人不能科学地看待鬼神问题。他们对此比较忌惮,觉得与墓地为邻会阴气上身,损耗寿命,和死者居住得相近会不吉利。有的地区的民众依然要保持土葬习俗。他们认为祖先的坟墓是不可以轻易动的,自己家族的后人也要葬在这里,即使是国家也不可以征用。而且他们认为动祖坟是不孝的行为,是要遭到报应和老天惩罚的。所以他们要坚决捍卫这种传统习俗。

政府在对不宁适型公共设施进行选址时,要注意不同地区社

会大众的心理和不同民族的传统习俗,尤其对有特殊宗教信仰的民族要极其重视,即把各民族禁忌的习俗和他们认为属于赖以生存的重要地区作为红线,尽量在决策中不予触碰。政府在兴建这些设施时绝不能不经与邻避居民协商达成一致而强行兴建,要具体问题具体分析,有针对性地拿出适合本地区开发建设的方案,本着因地制宜的态度,避免冲突的发生。

(二)避免设施对邻避居民造成不宁适感的可能性

不宁适型公共设施是为满足人去世后的需要所兴建的公共设施。中国传统习俗都认为死者的墓地即是死者的家,是人死后的世界,应该建在环境优美、背山面海之地,这样的地方才属于风水宝地,才是人们心中向往的死后居住的场所。而且中国人普遍认为孝亲祭祖是风水之源,只有祖先才会怜念自己的子孙,因为这属于血脉传承。家中已故的先人只有葬在风水好的地方,才能使后代人才辈出,家业越来越兴旺。人们认为殡仪馆是人火化肉身的地方,这是人通往极乐世界的必经之地,所以也要建在山清水秀的风水宝地。这些设施都要建在常年主导风向的下风侧,因为涉及祭祀以及火化引起的污染,所以其选址地点要考虑自然环境是否良好,是否有利于排水和空气扩散。

另外,不宁适型公共设施由于其与死亡有联系的特性导致人们不愿意与之为邻。我国不少民众由于传统习俗的影响导致对鬼神等迷信的东西比较相信,对与死亡相关的事情比较忌讳,不愿意与殡仪馆和公墓之类的不宁适型公共设施离得太近,怕招惹上鬼神会使自己的命运不利,家中的风水不好。所以这类设施兴建时也应考虑城郊地区而不是城市的中心或繁华区域。因为城市中心或繁华区居住的市民较多,人口流动量大,像殡仪馆和公墓等不宁适型公共设施不适合建在这种地方,会使人心理不舒适,也和城市的其他建筑不协调。而城郊地区一般没有大型的建筑,居民稀少、荒地较多,环境优美也比较宁静,适合殡仪馆和公墓这类设施的兴建。这类设施兴建时也要考虑邻避居民对于此类设施的接受程度,如果某地居民的风俗是不接受火葬或者有特殊的宗教信仰,那么就要避免在这类敏感区域兴建。这类设施的选址还要考虑与学校、幼儿园等少年儿童众多地方的距离,因为毕竟这类设施也会存在火化尸体和祭祀造成的污染,不适合建在学校、幼儿园旁边。

五、污名化型公共设施选址中利益冲突权衡的因素

污名化型公共设施是为城市中的特殊群体需要而兴建的设施,大众对于这类特殊群体比较厌恶,不愿意与之为邻,所以易受设施兴建地附近居民的反对而引发冲突。但是我国是社会主义国家,特殊群体属于弱势群体,应该受到国家的特殊保护,其兴建也是非常有必要的。这需要政府根据设施的特性对选址进行权衡。

污名化型公共设施选址时要对可能引发利益冲突的两类个性因素予以权衡,这两类因素分别是特殊群体对设施的正当需求和对邻避居民安全利益的保护。

(一)特殊群体对设施的正当需求

污名化型公共设施是为某些特殊群体所兴建的。他们中的大多数都属于社会中的弱势群体,或因为身心的疾病而不能像正常人一样工作生活,或因意外等原因失去劳动能力没有生活来源,或因犯罪而接受刑罚。如果我们对他们进行必要的帮助就可能使其恢复生理和心理上的健康而回归社会。再有对弱者进行帮助是社会正义的体现,公民也应该予以理解。所以,这类群体要想回归正常人的生活,就需要政府的帮助。他们需要选择一个良好的环境进行身心的修复,使其能够真正被社会所接受,恢复到最好的状态进而迎接新的生活为社会服务。

政府在对污名化型公共设施进行选址时一定要考虑到当地

的精神病人、吸毒者、流浪汉、罪犯等这些特殊群体对此类设施的正当需求，认识到这类设施兴建对他们而言的必要性，而且建这类设施时也要考虑到选址地的自然环境和地理环境是否适宜。因为建污名化型公共设施的初衷就是帮助特殊群体进行治疗，使他们能够养好身体，满足基本生活需求，接受改造，然后再像正常人一样生活。如果设施周围的环境不能有利于这些特殊群体的身心恢复，促使他们恢复正常，那么这类设施的兴建就是没有必要的，失去了兴建的意义。所以政府在进行城市规划时需要对市区内自然环境和地理环境好的地方进行筛选，选择最合适的具有良好环境的区域来兴建这类污名化型公共设施。如兴建精神病院、戒毒所等污名化型公共设施应本着有利于病人就诊治疗的原则，考虑设施兴建地的城市交通是否比较方便，周围是否有绿地和树木形成安静舒适氛围的自然环境，地区给排水、供电、通信、电视接收等条件是否较好，外部环境卫生是否良好；社会流浪人员救助机构和监狱应本着方便向流浪人员提供救助与改造罪犯的原则，考虑设施兴建地的经济是否相对发达且地理环境适宜、市政公共系统是否较完善和交通条件是否便利等。因为这样有利于需要治疗的病人的身心健康和罪犯的改造，也有利于设施的正常运行。

（二）对邻避居民安全利益的保护

人们对污名化型公共设施的排斥源于对特殊群体会给自身带来安全危险的厌恶。这种风险是一种主观感知风险，属于心理活动，因政府、专家和民众对其定义的不同，经常加剧居民的抗争情绪，使冲突难以调和。正如有学者所言："在当代社会，风险实际上并没有增多，增多的仅仅是感知风险。"[1] 污名化型公共设

---

〔1〕 Barbara Adam, Ulrich Beck & Joost Van Loon (eds), *The Risk Society and Beyond: Critical Issues for Social Theory*, Sage Publications, 2000, p. 48.

施里的特殊群体是让不少社会公众所厌恶的群体，这些特殊群体的身心健康确实与正常人有不同之处，从某种程度来讲，他们对社会而言，具有潜在的危险性，易给周围的民众造成伤害而引起恐慌，这也是此类设施使周围居民厌恶之处。

政府在兴建这类设施时要考虑设施内的特殊群体可能会对邻避居民人身安全带来的影响。我们必须承认这些特殊群体比普通群众有更高的人身危险性，而且当邻避居民受到人身伤害时还可能会因犯罪者是特殊群体而得不到法律的救助。这种情形就导致大家不愿意与此类设施为邻，原因就是怕人身财产安全不能得到保障。有些邻避居民因曾经生活在这类设施附近感受过其带来的安全危险，还有的邻避居民因在此地经商或房产价值较大而害怕财产因设施兴建而贬值，他们往往对此类设施的兴建更为敏感。这类民众一般都特别反对污名化型公共设施建在自己居住地附近，对于此类设施兴建的抗争也较为激烈。所以政府应考虑建造这类设施时如何能提升邻避居民的安全感，这种安全感包括人身财产安全和房产价值的安全。如这类设施附近是否有公安机关以便于邻避居民在遇到人身财产安全的威胁时能及时得到救助；设施附近是否有像医院和公园之类的设施便于邻避居民接受。这样就可能不会使污名化型公共设施选址地的邻避居民没有安全感，也不会使他们的房产贬值，以此降低他们的心理排斥感进而避免冲突的发生。

第四章　邻避设施选址中利益冲突的化解

邻避设施选址中利益冲突的化解属于方法论范畴,是问题得以解决的关键所在。化解主体之间的这些利益冲突就需要立足于法理学和立法实践的研究,对邻避设施选址中的利益冲突做好事前防范,构思出具体的最适合的化解路径,以达到主体间利益的平衡,为邻避设施选址中利益冲突的化解提供理论以及实践中的指导。

第一节　邻避设施选址中利益冲突的事前防范

邻避设施选址中涉及社会中具有不同利益诉求的群体,他们在对利益的争夺与碰撞中会引发激烈的利益冲突,化解主体之间的这些利益冲突就应做好事前防范,即多元主体须联动参与到其中并合理地分配权责,明确政府的权力和责任,实现公民环境权利,作为环境污染主体的企业也应承担起环境社会责任。

一、邻避设施选址中多元主体的联动参与

邻避设施种类不同,所以在邻避设施选址中会产生多种利益冲突,涉及不同的参与主体。无论是污染风险型邻避设施或是心理排斥型邻避设施,其兴建与否都需要经过政府对主体利益诉求的认真权衡才能作出决策,而这种决策正当合理与否就取决于邻避设施选址中相关主体的参与程度。只有多元主体联动参与到其中构成多元环境治理体系才能真正有助于冲突的解决。

2017 年 10 月召开的党的十九大工作报告特别指出:“着力解决突出环境问题”,“构建政府为主导、企业为主体、社会组织和公众共同参与的环境治理体系”。这表明从国家层面上以法治为基础的多元环境治理体系已经成为实践中形成的新要求,要有效解决环境问题就应当改革生态环境管理体制,赋予多元主体共同参与环境治理的权利,适时推进从行政管理向多元治理的转型。这是未来中国在环境治理方面的必然选择。

多元环境治理体系的内涵就是政府、企业、公众和社会其他主体充分发挥出各自的优势,采取各种有效方式解决生态环境问题的全过程。具体来讲,多元环境治理包含两层含义:

第一,“多元”是指环境治理主体的多元,强调除政府外,企业、公民和社会组织也作为治理主体参与到环境治理中。哈肯提出的协同概念和奥斯特罗姆的多中心治理理论都认为社会中的子系统之间存在着协同作用。相互依赖的个体如果能自发组织起来,就能获得持续的共同收益。“多元”融合了协同理论与多中心理论的核心内涵,将社会中的多个主体联结在某个重要节点

上,能产生优于割裂的主体的效果。[1]

第二,“多元环境治理”强调治理中的联动参与。这种参与模式是指除政府之外,包括企业、公民及各类社会组织机构在内的社会力量要联合起来共同开展多种方式治理环境,有效预防和化解由环境问题引起的社会矛盾。诚如英国学者罗茨教授所言,作为社会控制体系的治理应该是政府与民间、公共部门与私人部门间的互动与合作。[2] 这样可以让人们服从正式和非正式的规则和制度安排,促成相关利益群体根据共同目标采取联合行动,有效调节冲突双方的利益。这也是我国环保模式从环境管理向环境治理转变的一个重要转型过程。

邻避设施选址中多元主体的联动参与是指邻避设施选址的决策制定不再仅仅取决于政府的权力和权威,而是要把除政府之外的社会相关主体都联合起来参与到行政机关的政策制定与执行过程中,综合运用各种社会力量维护邻避居民的利益,保护设施周围的生态环境,以预防和化解因此引起的社会矛盾。

以往在邻避设施选址中,政府由于是环境管理的权力主体,所以其行政决策往往是自上而下作出的,对邻避居民的意见与诉求很少接纳,引发了与民众之间的冲突。但是我们所处的现代社会已经通过“从身份到契约”的运动,从以身份划分的权力型社会逐渐演变成平等互利的契约型社会,在市民社会中多元主体的互动也能弥补国家权力在社会控制方面的缺陷和不足。所以邻避设施选址过程要实现从以行政权力为中心向以多元主体为中心的转变。

这种转变需要政府通过正当行使环境管理权力来履行环境

---

〔1〕 张文明:《“多元共治”环境治理体系内涵与路径探析》,载《行政管理改革》2017 年第 2 期。

〔2〕 俞可平主编:《治理与善治》,社会科学文献出版社 2000 年版,第 5 页。

义务，承担环境责任，在权责统一的前提下采取一系列有效行政措施来维护邻避居民的环境利益；公民实现环境权以对政府权力形成一定约束和与企业进行博弈，邻避居民也要在权利范围内正当行使环境权；企业要承担起环境社会责任，进行严格的自我规制；其他主体要参与到其中促使企业承担环境社会责任，维护邻避居民的环境利益。

这些主体在邻避设施选址中要基于共同的目标，在地位平等和互惠互利的基础上，联动起来共同化解彼此间的利益冲突。联动模式的采用可借鉴著名学者库依曼最早提出的社会共治范式中的网络化结构治理模式。[1] 在这一治理模式中，各主体之间是一种相互依赖、彼此平等的逻辑结构，不以科层链条和命令等级作为绝对条件。[2]

总之，在邻避设施选址中，政府、企业、公众和社会组织等治理主体要结成合作伙伴式的主体关系，通过平等对话、协商、谈判和妥协等集体性的选择和行为，形成纵向、横向或者二者相结合的网络化结构治理模式，形成多种资源共享、彼此互惠合作的机制，力求达到对邻避设施兴建企业监督整体效果的最优化，防止公众因环境污染风险问题与政府和企业发生利益冲突，以致阻碍经济的发展，破坏社会秩序的稳定。[3]

二、邻避设施选址中政府环境权责的实现

由于环境具有公共性，公民不能因为自己履行了环境义务就换来对“良好”环境的权利，所以环境权法律关系中的义务主体只

---

〔1〕 Kooiman Jan, *Governing as Governance*, Sage Press, 2003, p. 26.

〔2〕 田千山：《生态环境多元共治模式：概念与建构》，载《行政论坛》2013 年第 3 期。

〔3〕 吴真、梁甜甜：《企业环境信息披露的多元治理机制》，载《吉林大学社会科学学报》2019 年第 1 期。

能是代表全体公民的政府。政府应履行的这种环境义务从广义上来讲属于政府应承担的环境责任,也可以理解为政府不仅要在保护环境中有所作为,还要承担环境保护不利的后果。政府开展环境保护工作就需要行使环境管理权力,只有权责一致才能达到环保的最佳效果。

在邻避设施选址中,邻避居民环境权的实现需要政府正当行使全体公民所授予的环境管理权力,承担起环境责任,采取多种有效措施实现自身的权责,力争在最大限度上对邻避居民的环境权进行保护,避免出现和邻避居民之间的冲突。

(一)政府正当行使环境管理权力

政府的环境管理权力是国家的全体公民所授予的,应该为全体公民服务,所以必须正当行使这种权力。而在一个国家的法律当中,如果权力的领域不受控制,往往就会产生破坏性的结果。在权力统治不能受到有效制约的地方,特别容易造成社会成员间的紧张、摩擦与突变。如果在一个社会制度中权力是通行无阻的,其发展趋势就会是社会上的权势者对弱者进行剥削和压迫。[1]

所以,自由和权利永远不会在权力没有界限的地方产生。法律会通过对权力机关无限制地行使权力的做法设置出一定障碍,使权力在形式上能够受到法律制约,并和公民权利始终保持着"安全距离",以维持一定程度的社会均衡。

政府的环境管理权力属于政府对公共事务进行管理的权力。对公共事务的管理权是指在政府实施公共管理的过程中,政府官员和相关部门掌握并且行使的,用来处理社会公共事务、维护公共的秩序、增进全体公民公共利益的权力。它实际上就是要把权

---

〔1〕[美]E. 博登海默:《法理学:法律哲学与法律方法》,邓正来译,中国政法大学出版社2017年版,第375页。

力运行机制具体应用到社会公共事务管理当中,实现一定的社会目标,但政府在行使自身权力时也需要有所限制以防止权力的滥用。

对于邻避公共设施进行选址决策属于政府行使环境管理权力的范围,为避免政府在此过程中对权力的滥用,应在法律中为其设定一个必须要在一定界限内行使自身权力的框架,这个框架要合法、合理且遵守正当程序。

1.政府在行使邻避设施选址中的环境管理权力时要合法

合法是政府作出行政行为的规范要件。行政机关的权力有相对较集中和命令、服从的特点,在某种程度上有较大的自由裁量权,这样就容易产生行政主体滥用权力寻求私利和侵犯邻避居民权益的腐败现象发生。所以政府行使这种公共管理的权力内容与方式必须合法,符合法律规范内在的要求,这样才能限制自身行政权力的滥用,对其形成有效的监督。在邻避设施的选址中,政府合法行使环境管理权力应做到以下几点:

第一,按照国家成文法来行使选址的决策权。洛克曾说过:"无论国家采取何种形式,统治者都必须按照正式对民众公布的和被民众接受的法律来实施统治,而不是靠临时下达的命令与未确定的决议。"〔1〕所以政府必须要依据邻避实施选址的相关法律去行使决策权,而不能在法无明文规定之情况下擅自行使非法权力,并且注意法律的层级,如行政规章和办法绝不能逾越法律。

第二,政府必须要严格执行法律的规定,既不能不遵法执行,也不能超越法律权限。政府行使决策的权力,一定要符合法律关于实施主体、条件、幅度等规定,即要在邻避设施选址相关法律的条件、幅度、方式的范围内进行活动与选择,绝不能超越法律作出

〔1〕[英]洛克:《政府论》(下),叶启芳、瞿菊农译,商务印书馆1964年版,第85-86页。

损害邻避居民权利的决定。

第三,如果行政机关违法或者不正当行使环境管理权力,要依法承担法律责任,这样才能实现权责统一。政府在邻避设施选址的决策中如出现了违反相关法律规定或是以权谋私、权力寻租等情形,损害了国家、社会以及公众的利益,政府以及相关责任人员必须要承担相关法律责任。[1]

2. 政府在行使邻避设施选址中的环境管理权力时也要合理

合理是除合法之外对政府行使权力要求的补充。由于行政管理的活动非常复杂,法律也不可能对所有的领域作出非常具体的规定,这样政府就获得了较大的自由裁量权。为避免行政自由裁量权的滥用,仅以合法来控制行政权力显得尤为不足,对行政权力合理行使的要求非常有必要。在邻避设施的选址当中,政府合理行使环境管理权力要做到:

第一,政府对各类相关主体意见的采纳要做到公平公正,不偏私也不歧视。政府对于专家的结论尤其要慎重对待,因为专家所作出的选址结论一般是根据科学数据来说话,这种科技理性本身是需要一定辅助条件才能达到并且有一定的不确定性。科技理性并不是公共理性,往往不能与邻避居民达成共识。政府一定要考虑公众的诉求,不能只凭专家意见就下决断。

第二,政府要根据邻避设施选址地的实际情况考虑邻避居民诉求。邻避设施选址可能涉及不同的地理环境中产生的不同邻避居民的诉求。政府一定要考察当地的实际情况,包括生态环境、生活环境、传统民俗和邻避居民的生活水平等,综合考虑多种因素,不能在邻避设施选址中搞"一刀切"。

第三,政府行使环境管理权力的手段应当是适当而且必要

[1] 张文显主编:《法理学》(第4版),高等教育出版社、北京大学出版社2011年版,第210页。

的。对于邻避居民而言，本来他们就认为这种选址对他们而言就是一种收益和负担之间不平衡的行为，如果采用过激手段反而更容易激起他们的反抗心理，所以应该尽量采用多种方式以使损害降到最低，使他们能够合理接受。

3. 政府在行使邻避设施选址中的环境管理权力时一定要遵循正当程序

正当程序的说法起源于1215年的英国大宪章，在《大宪章》里，对正当程序所作的解释就是"自然公正"的程序规则：每个人都不能自行审理与自身有利害关系的案件，控辩双方的诉词都有必要被听取。[1] 之后，法国的《人权宣言》和《美国宪法》都对正当程序做了规定。

正当程序强调公民平等地参与到政府决策当中以及政府信息的充分公开，其不仅具有独特的工具性价值，又具有内在的独立价值。它能限制权力的滥用，保障权利的行使以确保社会公正目标的达成。政府在邻避设施选址的决策过程中要遵循正当程序，具体体现在：

第一，应保证相关利益主体参与决策的有效性。公众参与到决策程序中来不是走过场，设置公众参与的程序就是为了能够了解群众的心声，解答公众的疑问，以形成最适当的决策选择。所以程序的设置需要保证邻避居民意见能发挥实效。

第二，应给予参与决策的相关利益主体平等地位。政府在这种设置的程序中不应是单向地告知其他相关主体的决策结果，而应该是主体之间在认同地位平等的基础上有讨论和对话的环节，公众尤其是邻避居民有平等表达自己利益诉求的机会和权利并且需要得到政府的回应。

---

〔1〕［英］戴维·M. 沃克：《牛津法律大辞典》，李双元等译，法律出版社2003年版，第787页。

第三,应确保决策过程的公开、透明。邻避设施选址决策不应该是封闭性的,应该是面向利益主体公开作出的,即项目规划以及选址的过程都应该能让邻避居民知晓,相关信息一定要公开。

(二)政府环境责任的承担

人类对经济发展的盲目追求已经产生了严重的资源短缺和环境污染,全球的任何一个国家都已经受到了不同程度的影响。因此环境问题逐渐被各国所重视,政府作为国家管理机关也成为重要的环境责任主体。正如1972年6月在瑞典斯德哥尔摩通过的《联合国人类环境会议宣言》中所述的那样:“世界各国的政府都对当代人和后代人负有保护与改善环境的责任,因此各国政府都必须提高国家环境管理机关的能力和发挥国家环境管理机关的作用。”[1]如果政府不能很好地承担环境责任将会使环境污染和资源破坏问题愈演愈烈,进而影响国家经济的进一步发展。

所以政府要积极承担环境责任,不仅要把对经济利益的追求与对环境利益的追求相结合,也要把对眼前利益的追求与对长远利益的追求相结合,一定要把人、自然与社会的协调作为追求目标,努力推进可持续发展战略的实施。

政府环境责任主要体现在政府在环境保护和环境治理方面所应承担的环境道德责任和环境法律责任。环境道德责任是指政府及其工作人员因未能合理制定环境政策和推动政策的执行而应承担的道德应受谴责的责任,这种责任是一种应然意义上的责任,不承担此类责任只会受到道义上的谴责,不会受到法律上的追究。环境法律责任是指政府及其工作人员因环境违法行为使他人或社会公益受损而承担的法律上的责任。这类责任包括

〔1〕 世界环境与发展委员会:《我们共同的未来》,王之佳等译,吉林人民出版社1997年版,第417页。

环境民事法律责任和环境行政法律责任。环境民事法律责任是指政府及其工作人员以民事主体身份违反有关环境协议而侵犯他人合法权益所应承担的民事上的责任。环境行政法律责任是指政府及其工作人员没有依法履行环境监督管理职责而承担的行政上的责任。[1]

由于公民环境权的实现取决于政府环境责任的完善,所以政府作为社会大众的受托人就应该在最大程度上为其服务,支持公民拥有环境权。政府要树立正确的经济发展观,深刻认识环境保护与经济发展彼此制约的关系,把自己看作公民利益的维护者,要做到环境保护优先,绝不能以损害环境利益为代价去进行经济发展。

目前随着我国经济的飞速发展,环境形势也日益严峻。生态环境和自然资源问题已成为制约我国社会经济可持续发展的重大难题。要想解决这一难题,政府必须作为环境保护的重要力量,切实履行环境保护责任。在邻避设施的选址中,因有时部分地方政府对经济指标的过分追求而未能有效地承担起自己应尽的环境保护责任,导致部分地方环境污染较为严重。

为解决环境问题,人类就需要按照大自然的规律,尊重环境的整体性和价值的多元性,这是一个需要全社会全人类都应参与进来的整体行动。它需要政府作为民众的代言人来承担起这个最为庄严的使命。印第安纳大学的教授林顿·卡德维尔于1963年在《环境:公共政策的新焦点》一文中就曾指出:“环境问题在国家机关各机构之间的协调合作下才能得到解决,而这种良好关系的形成就需要一个代表公共利益的且承担环境责任的政府。”[2]

---

〔1〕 熊超:《我国公民环境权益保护路径研究——基于政府环境责任的角度》,载《广西社会科学》2013年第6期。

〔2〕 廖红、[美]克里斯·郎革编著:《美国环境管理的历史与发展》,中国环境科学出版社2006年版,第149页。

所以政府应承担起有效组织符合自然发展规律的公众整体行动的环境责任,积极行使环境管理权力,坚守住环境承载力的底线,在严格遵守环境保护法律和政策的前提下发展经济建设。这样才能真正有助于生态文明国家的形成,有助于实现社会的可持续发展。

邻避设施尤其是邻避生产设施一般都是地方政府为追求当地经济发展而兴建的,会对当地的经济有巨大的推动作用,能获得高额的税收回报。但同时这些项目基本都属于高污染项目,对附近居民的身体健康、生存环境和财产价值会产生很严重的负外部性,导致邻避居民的抗争。近些年各地因邻避设施兴建引发的暴力冲突不仅牵涉更大范围的环境问题,而且严重影响社区、城市甚至国家的稳定。在这种严峻的形势下,政府有效承担起环境责任才能成为解决此类问题的重要解铃人,主要体现在三个方面。

第一,政府因环境责任的承担,就会更注重妥善地处理经济发展与环境保护间的紧张关系。邻避设施引发冲突的根源不少是因当地政府追求高的经济指标和当地居民的身体健康、环境安全间的矛盾。政府是项目建设的推进方,它希望从经济发展中获得利益。以往部分地方政府对环境保护重视程度不够,导致有时为经济发展而忽略了环境利益。如果政府承担起自身的环境责任,它就会像承担经济发展责任一样,注重环境利益和邻避居民的环境安全,根据当地环境承载力的实际情况,对于高污染项目的引进作精心的权衡,积极行使自身的环境管理权力,协调好经济发展和环境保护间的关系。

第二,承担环境责任的上级政府因需要对区域环境负责,就会对区域内的经济发展和环境保护情况予以平衡。一些层级较低的下级政府更为注重本地区的经济发展故而兴建邻避设施,可能会导致区域污染的加重。而上级政府因有对区域环境负责的环境责任,就会在更广的行政区域内对各省市的经济发展与环境保护之间的关系予以平衡,对生态环境保护区和因实施环境保护而导致暂时经济发展较为缓慢的地区给以经济或其他形式的补偿,作出更合理的安排,平衡地区之间的发展,避免邻避冲突的发生。

第三,政府由于承担起环境责任,就会更愿意倾听群众对有关建设项目及配套措施的意见和建议,更多地了解邻避居民的利益诉求;积极地安排相关群众参与到邻避设施选址的决策中来,仔细了解邻避居民真实的心理需求,采用多种方式给邻避居民表达的机会,和他们平等协商,尽力达成一致的有效的协议;对邻避居民采取相关补偿措施,以利于有效化解政府、企业和邻避居民之间的矛盾,协调他们之间的利益冲突,争取采用最佳方案来解决这种邻避难题。[1]

(三)政府有效的行政措施

政府是环境治理的推动者,也是环境责任的承担者。其应利用自身所具有的优势设计合理的环境法律制度,完善环境监督管理体系,采取有效的行政措施,为社会其他主体参与到环境治理中提供帮助,实现权责的一致,进而对邻避居民的环境权加以保障。[2] 这些措施包括政府真实有效的信息公开、政府合法合理的城市规划和政府绿色考核机制的推行。

1. 政府真实有效的信息公开

政府对相关环境信息进行公开既是国家机关以及其授权组织行使环境管理权力的体现,也是从国家层面对公民知晓环境事

---

〔1〕 张红杰、徐祥民、凌欣:《政府环境责任论纲》,载《郑州大学学报(哲学社会科学版)》2017 年第 3 期。

〔2〕 韩兆坤:《协作性环境治理研究》,吉林大学 2016 年博士学位论文,第 167 页。

务应尽的保障义务。

政府信息公开的形式分为两种，分别是主动方式公开和依申请方式公开。政府对自身信息的公开具有行政性、权利性和例外性三个特点。行政性体现了政府在公共管理方面的行政职能的履行；权利性体现了其是在公民拥有信息获得权基础上，由民众权利决定的信息公开；例外性体现在不是任何政府信息都能公开，如国家安全方面的信息就不能公开。

政府对社会公开信息对于法治社会而言意义重大，它能提升政府公信力，促进政府与公众合作，推动全国自上而下依法执政，推动社会经济发展和以人为本的和谐社会主义建设。

政府通过对邻避设施选址内容真实有效的公开，能推进邻避设施选址的公平公正，消除邻避居民的抵制心理。传统"决策—宣布—辩护"的模式容易遭遇执行中的阻力，因为这种模式是自上而下的，没有做到完全公开信息和与民众的真正沟通。如果我们改变传统模式，真实有效地公开政府信息，把城市规划中邻避设施选址的最终决策权力交给邻避居民，设计严格的选址程序，实现他们对邻避设施的真正接纳，就能从源头避免邻避冲突。

美国和加拿大在邻避设施选址中的政府信息公开方面就做得比较好。如美国纽约政府欲在某地兴建邻避设施，会提前在城市公共设施规划过程中先向设施兴建地附近的社区居民进行咨询，并以各种形式告知选址信息，在信息中明确相关操作程序和替代方案，使社区居民有充分时间对选址信息进行消化掌握并能提出相关建议供政府采纳。加拿大的亚伯达省在兴建特殊废物处理中心时也采取了开放选址路径，提供替代选址的方案，在城市规划中由政府与企业共同进行多渠道的信息公开，保证公众能以各种形式参与到设施从选址建议到管理的决策当中，实现社区居民的自身利益。[1]

这两个国家在邻避设施选址方面的成功之处在于城市规划信息公开的程序设计具有开放性和具体性的特点，实现了信息真实有效的公开，即信息的实质公开。他们进行城市规划的选址标准一开始就公开透明并有明确的替代方案，使受到设施影响的居民能真正参与到选址的各个环节中而且有对替代方案的选择权，保证成本——效益分配在程序中的公平。这些措施也会促使居民接受邻避设施的兴建。

我国在邻避设施选址过程中的政府信息公开方面还存在一些不足，有些信息仅仅是形式意义上的公开。这样就不能确保邻避居民真正参与到选址决策当中和提出有针对性的利益诉求。2018 年 7 月经生态环境部公布的《环境影响评价公众参与办法》开始施行，其中一些条文详细阐述了政府信息公开的内容，比照 2016 年的《环境影响评价法》规定的公众参与内容在很多方面进行了详尽的阐述，有一定的进步性。但在信息实质意义公开方面还稍有欠缺。

政府对邻避项目信息的公开应不仅仅是形式意义上的公开，在信息公开的实质意义方面还应加以完善，即公开的信息真实有效，能起到实际效果。

第一，政府公开的信息必须要真实准确。政府要针对邻避居民对设施外部影响有关知识的需要提供真实信息，不能因怕发生与邻避居民的冲突而规避邻避设施的负面影响或提供虚假信息，这样会使邻避居民对设施兴建极为反感，放大邻避设施的负面效应，以致对政府更加不信任。

第二，政府公开的信息要能产生实效。政府应多渠道发布有

〔1〕 刘晓亮、侯凯悦：《志愿和竞争选址：邻避冲突解决机制的西方经验与中国选择》，载《华东理工大学学报(社会科学版)》2017 年第 3 期。

关邻避设施选址的信息，为邻避居民的参与选址决策和监督设施运行管理提供便利，从根本上消除公众对邻避项目建成之后日常运行安全的顾虑。政府也应该提出设施选址的替代方案，使民众能有选择的权利，保证邻避居民的实质性参与。政府公开的信息如果能做到真实有效，就会获得邻避居民的信任，使他们不会产生过多的排斥感，更容易接受设施的选址，不至于与政府发生冲突。

2. 政府合法合理的城市规划

政府开展城市规划是在行使自身的环境公共管理权力，也是政府承担环境责任的体现。这项工作对于邻避设施能否选择在对居民和环境损害程度最小的位置兴建意义重大，是邻避设施选址中利益冲突化解的重要保障措施。

城市规划是城市在一段具体时期的城市发展蓝图，是城市各项工程建设与合理布局的综合安排，是城市进行有序管理的前提，对城市的整体建设具有重要的指导作用。我国的《城乡规划法》中也明确规定了基础设施和公共服务设施的建设应当作为城市总体规划的强制性内容。这项工作需要政府恰当地行使权力，即行使权力要合法合理。

英国法学家约翰·洛克在其名作《政府论》中对政府的产生、性质、目的与形式做过精辟的解释。他认为："国家是由社会契约而产生的，而政府是国家专门的组织形式。人们为克服自然状态存在的缺陷，能更好地保护人身和财产安全，自愿放弃单独去行使惩罚的权力，并把这种权力交给他们选举出的专门机构去行使。这就是社会契约的来源。这种人民赋予公共权力的组织机构就是政府，它的形成也是人们正式进入政治社会的标志。从性质上讲政府具有委托性，这是由它的契约形式所决定的。人民是委托方，政府是受托方。根据委托契约的性质，实际的权力应真正掌握在人民手中，政府不过是人民委托的代理人。人民之所以建立政府，其目的就是摆脱自然状态的混乱，求得社会的安宁，所以政府的唯一目的也应是保护人民的权利和社会的稳定。它的权力也是有限制的，如果这一目的被忽略或遭受打击时，这种委托就应该被取消，人们可以重新把它授予他们认为最有利于他们安全和保障的机构。也就是说，人们享有控制政府的权力。"[1]

从洛克对政府的论述来看，政府的权力应该是有限的，这种权力行使的界限就是不得侵犯人民的权利。也就是说，政府在行使自身的权力时要在法律规定的界限内合理行使，避免政府在此过程中对权力的滥用，不能侵犯公民的权利。

政府合法地进行城市规划就需要政府严格依照《环境影响评价法》的要求对规划进行环境影响评价，在考虑到某些邻避设施可能会给邻避居民带来身心健康以及环境方面影响的基础上，对城市规划实施后这些设施可能会对环境造成的影响进行分析、评估和预测，并提出一些减轻不良影响的措施和预防方法。[2]

政府合理地进行城市规划则需要政府在对城乡规划环评时因地制宜，具体问题具体分析。政府要根据城市自然环境和社会环境的特征，对于不同性质的设施具有针对性的规划，其不仅要在进行实地调研和对未来筹谋的基础上进行规划，也要在权衡当地经济利益和邻避居民环境利益的基础上来进行规划，绝不能只考虑眼前利益和局部利益，要考虑地区居民的长远利益和城市乃至国家整体的利益。

总之，政府的城市规划是早期对邻避设施选址冲突的控制，如果规划合法合理，事先得到民众的认同，使邻避居民有一定的心理预期，就基本不会在后期发生异议，与没有事先计划的临时

---

〔1〕 谷春德主编：《西方法律思想史》（第2版），中国人民大学出版社2006年版，第186页。

〔2〕 2018年修正的《环境影响评价法》第8条。

选址决定相比，效果会大不相同。

3. 政府绿色考核机制的推行

政府推行绿色地区生产总值（GDP）考核机制能对政府环境管理权力起到防控作用，也能促使其承担起环境责任。这种机制能树立政府官员的生态责任感，使他们对地方的环保问题更加重视，不盲目为追求地方的经济发展引进重污染项目，也从某种程度上保障了公民的环境权，真正实现政府权责的统一。

绿色 GDP 考核机制就是根据创新、协调、绿色、开放、共享的新发展理念，在传统的主要考虑经济发展的 GDP 考核机制基础上把有关环境效益的指标纳入政府的干部考核机制当中。绿色 GDP 考核机制是对传统政府机关官员政绩考核机制的绿色变革，这种机制能有效改变部分地方官员以牺牲环境为代价的经济发展模式，形成社会经济发展的新型指挥棒效应，激发政府开展环境治理的积极性，成为中国推进国家治理体系和治理能力现代化的重要引擎之一。[1]

大多数邻避设施选址冲突的发生都是由于地方政府为提升当地 GDP，推动经济发展而引进高污染邻避项目而导致的。对于政府而言，传统的 GDP 政绩考核机制没有把推进经济发展中对生态资源的消耗和环境质量的损害等生态指标纳入政府官员的政绩考核机制和社会发展评价体系当中，导致政府官员在职权行使中不顾国家和地方环境质量标准、环境执法动力不足和缺乏环境保护责任感。所以这种传统的政府绩效评估机制无法体现出绿色发展和科学评估的寓意，使环境保护责任追究制度形同虚设，必然会引起邻避设施选址冲突的发生。

要想避免邻避冲突，就需要建立包含政府官员环境保护工作

〔1〕 欧阳康：《绿色 GDP 绩效评估论要：缘起、路径与价值》，载《华中科技大学学报（社会科学版）》2017 年第 6 期。

政绩的绿色干部考核机制，提高环保政绩指标在干部综合政绩考核机制中的比重，树立正确的考核观念，实现真正绿色政绩考核机制的改革。

国家和地方要在绿色考核机制中推行政府干部生态环境审计制度和环保责任终身追究制度，注重政府干部实现绿色发展的政绩，对在环境保护中作出实效的领导干部给予优先提拔和重用，对不顾环境承载力和突破生态红线作出盲目的错误决策以致造成生态环境严重损害后果的领导干部追究政治和法律方面上的责任。[1] 这就促使政府领导干部摒弃传统的"先污染、后治理"的环境保护方式，树立科学、绿色发展与可持续发展共存的价值理念，意识到盲目推动经济发展不是晋升的必要条件，还可能为自己的政绩减分。他们就会树立对当地环境的生态责任感，在引进高污染的邻避项目时，对地方的环境承载力进行调研，积极地行使环境管理权力，不会为眼前的利益而牺牲当地的生态环境，也就从一定程度上避免了邻避设施选址冲突的发生。

政府推行绿色考核机制是政府机关对干部任用制度的内部整改行为，这种机制的推行，是对政府干部主观意识的改变，在政府干部的控权和树立环保责任感方面效果良好，对邻避设施的谨慎选址和环境保护会起到不可估量的积极作用。

三、邻避设施选址中公民环境权的实现

在邻避设施选址中，实现公民环境权非常有必要，因为这样才能避免政府滥用行政权力和企业不顾及邻避居民的感受的情况出现。当然，邻避居民的环境权也不能无限制地行使，需要对这种环境权确定一个合法的边界，以在最大限度保护邻避居民利

---

〔1〕 张永亮等:《最严格环境保护制度:现状、经验与政策建议》，载《中国人口·资源与环境》2015 年第 2 期。

益的基础上平衡多主体之间的利益。

(一)实现公民环境权的缘由

在邻避设施选址中实现公民环境权的缘由有两个:一是能对政府的行政权力形成制约;二是能与企业进行博弈。因为环境权是邻避居民能在良好环境中生活的权利,这种权利能使邻避居民对政府违法且不合理的选址行为进行制约,促使政府在合法合理的前提下行使职权;也能促使企业以更环保的方式出现在公众面前,接纳邻避居民的合理意见,这样也就能避免政府和企业对邻避居民环境权的侵犯。

1.对政府的行政权力形成制约

法学最重要的范畴就是权利、权力以及两者的关系。学者庞德曾经说过:“我们主要通过所称的法律权利来赋予主张各种利益的人保障这些利益。”[1] 在法律中,作为现代法哲学基石的权利,是法律规范中主体获取自身利益的手段。权利是法律赋予主体实现利益的力量,是国家和社会对于某类群体能享有某种利益的合法性确认。权力源于权利当中,它是指国家、集团或个人,按其所希望的方式,贯彻自身意志,操纵、控制或影响他人行为(不管他们是否同意)的能力。权力是一个国家的主要象征和根本标志。国家欲通过正式成立的政治设施在社会中行使权力来保障社会大众的利益和维持社会的正常运转。这种权力的行使要适当,因为如果权力不受制约或者超出法律规定的界限就会损害人们的利益进而危害社会,但是权力若是软弱无力也不能维护社会的自由和正义。[2]

---

〔1〕 [美]罗斯科·庞德:《通过法律的社会控制》,沈宗灵译,商务印书馆1984年版,第42页。

〔2〕 张文显:《法哲学范畴研究》(修订版),中国政法大学出版社2001年版,第396页。

美国著名法学家博登海默曾在著述中阐明："法律制定的重要任务就是限制权力的扩张，它依靠给社会大众分配权利以分散权力达到平衡，进而维持社会的和谐。法律会对这种具有正当性的权利权力结构努力维护以避免其受到破坏。"[1] 所以说，一个国家的法律是否能成为"良法"，就要看国家权力与公民权利之间的关系是否合理配置，要体现合理配置就是看国家权力是否能为公民权利服务，是否以公民权利作为界限，是否被公民权利制约。这种合理配置权利权力的方式也是法正义价值的体现。

一个国家法律中权利与权力的合理配置应该是一方面允许各方当事人有表达利益诉求的机会，赋予他们权利使他们真正参与到行政决策中来；另一方面，也应该赋予行政机构对各主体的利益进行公正、理性权衡进而作出恰当决策的权力。在这种配置模式中，行政主体要保证各利益主体都能通过法律设定的角色积极参与到程序当中行使合法权利，在此基础上才能作出最终决断。虽然不一定能达到各方一致同意，但这种结果是经各方对问题的看法和意见展开讨论和交涉后彼此互动而产出的决定，对政府的行政权力能起到一定的制约作用，也可视为一种法律上的共识。[2]

这种对权利和权力合理配置的决策模式能使各方利益主体的意志和诉求融入行政机关对决策结果的考量当中，对行政机关的决断性权力构成制约；也能在这种民主和权威相互制约并且能够不断互动的过程中，求出多元利益最大之公约数，为各主体接受决策方案累积正当理性化的资源，以实现法的正义价值。

自从人类意识到环境保护问题的严重性后，各国都进行了大

---

〔1〕［美］E. 博登海默：《法理学：法律哲学与法律方法》，邓正来译，中国政法大学出版社 2017 年版，第 395－396 页。

〔2〕胡萧力：《"邻避"冲突的决策难题与法律疏解》，载《现代法学》2018 年第 3 期。

量新的立法，设立专门的环境保护机构，投入大量的环保资金。环境权作为一种与时代背景相呼应的新型权利也逐渐被许多国家所承认，甚至在有的国家环境权已经入宪，其重要性可见一斑。[1]

从环境权的设立背景可看出这种权利是属于人类对美好生活向往的生态性权利，是人类在环境危机时代对自由资本主义时期形成的绝对个人自由的法律观和权利观的摒弃，是对环境利益在法律利益中位序的重新思考，是对个人和企业以追求财富为目的的经济权利的严格限制，是为当代和未来时代的人类群体维护一个良好、健康、符合人类尊严和福利的自然环境的尝试与努力。[2]

因为环境属于公共物品的特性，公民个体确实无法改变人与环境之间的不和谐状态。这时公民就需要政府行使环境行政管理的权力来保护公民的生存环境。英美法系的公共信托原则为政府享有这种权力提供了理由。

公共信托原则认为因为环境资源具有公共性，所以政府作为公共利益的代表应接受公众委托，承担好受托人的义务，最大限度地依照环境资源的性质去保障社会公众实现对环境资源之权利。正因为政府对环境资源的开发、利用、改善和保护都是因接受了社会公众的委托，所以必须进行适当的限制，保障作为委托人的社会公众实现环境权利。[3] 为了阻止政府扩张其环境管理权力，有必要赋予公民环境权以便对政府权力形成制约。也正是因为公民环境权能够起到对政府环境行政管理权力的限制作用，

〔1〕 杜健勋：《环境利益分配法理研究》，中国环境出版社 2013 年版，第 98 页。

〔2〕 周训芳：《环境权论》，法律出版社 2003 年版，第 157 页。

〔3〕 吴真：《公共信托原则视角下的环境权及环境侵权》，载《吉林大学社会科学学报》2010 年第 3 期。

所以从本质上来看公民环境权也是对国家行政权力的监督和制约。[1]

在邻避设施选址中，邻避居民往往因担心设施兴建可能造成的污染对身体健康的损害和周围环境的破坏，对政府在其中能否正当行使环境管理权力心存忧虑，认为政府把邻避设施选址到他们居住地附近是不考虑他们环境利益且不正义的行为。这里所述的环境不正义与环境正义是相对的，环境正义的实现也就是社会大众作为平等享有自然资源和社会资源的个体平等享用空气、水、阳光等自然要素和自然环境的权利的实现。[2]

实现邻避居民环境权，就可使政府在兴建这类设施时考虑到对公民环境权的保护而对经济发展与环境保护间的关系加以认真考量，对可能造成的损害充分考虑，关注设施附近居民的利益，允许他们表达自身诉求，然后对选址的方案多方面比较，尽量在能够不侵犯附近公民环境权益的情况下兴建邻避设施，在环境保护优先的原则下推进当地经济发展。即使必须要兴建这类设施，也要争取把对周围居民可能造成的环境权利损害降到最低，并给予合适的补偿以避免冲突的发生，进而实现环境正义。

实现公民环境权对政府环境管理权力形成制约，能更好地解决不同利益主体之间的矛盾。我们应以在主体间合法分配权利权力的方式实现环境分配正义，构建正当法律程序使主体能表达利益诉求来实现环境程序正义，提供合法合理的补偿方案以利于矛盾的解决来实现环境矫正正义。具体分析如下：

首先，在邻避设施选址的权利与权力的分配中，邻避居民个体的基本环境权利应该被优先考虑，而不是首先考虑地方经济的

---

〔1〕 周训芳：《环境权论》，法律出版社2003年版，第158－159页。

〔2〕 纪骏杰、萧新煌：《当前台湾环境正义的社会基础》，载《国家政策季刊》2003年第3期。

发展和GDP的增长。这种分配应努力减少每一社会个体会承担的环境风险，最大程度降低环境风险承受者将会受到的损害。第一，保证每一个体都应具有平等的环境权，在邻避设施的选址决策中应享有可操作的话语权和参与权，尤其是应给予弱势群体更多的话语权和关注。任何相关利益主体都有表达自身诉求的权利，避免政府单方面行使权力作出封闭式决策而导致冲突的发生。第二，在利益主体之间做好权利与权力的分配。考虑政府、企业和社会组织、专家、邻避居民之间利益的诉求，注意主体之间利益的协调，科学合理地分配权力和权利。第三，在对邻避设施产生的风险进行分配时，也要注意风险补偿的分配，邻避居民应该有得到合理的补偿的权利，而且这种补偿的分配方式要做到充分合理。

其次，邻避设施选址决策中的相关主体能否有效地表达利益诉求，正当法律程序的设置是极其必要的。法律规定的决策程序要体现出透明和公正，这样有利于主体间共识的达成。第一，设定提前通知邻避居民的程序，保证邻避居民有充足时间了解邻避设施选址的具体情况进而作出正确判断。第二，确保每个具体程序环节的合理性。邻避居民能真正以平等的地位和政府、企业与专家开展有效的协商，使作为弱势群体的公众能充分地表达其意见和诉求。邻避居民通过协商能对邻避设施的信息知识更好地学习和掌握，促进主体间相互理解。第三，程序中各个环节的结果应向公众公开。政府与企业、邻避居民协商的每个环节以及最后决议都应向邻避居民公开，并接受更广泛的公众监督和质询。[1]

最后，在对邻避设施环境风险补偿的法律设计中，应设计和

---

〔1〕 王佃利、王庆歌、韩婷：《"应得"正义观：分配正义视角下邻避风险的化解思路》，载《山东社会科学》2017年第3期。

落实配套而且完善的风险补偿措施，一定要注意负担和补偿的对等。第一，明确补偿对象。法律中对补偿对象范围的明确规定可以使补偿更加具有针对性，能使真正的风险负担主体得到与他们受损利益相当的补偿。第二，明确补偿主体。谁来对补偿对象进行补偿在法律中明确予以规定也很重要，这样能够使利益受损主体知晓向谁主张权利，谁是相关责任的承担方。作为公共利益的代表机关的政府和设施兴建企业都属于邻避设施选址中重要的补偿主体。第三，规定补偿方式的多元性。补偿方式除经济补偿金之外，还包括增加就业、减少税费和兴建一些受邻避居民欢迎的“迎臂设施”（如休闲场所、健身场所、学校、医院等）。政府应提供多种政策手段，最大化地实现主体间收益与成本的均衡分摊。〔1〕

2. 与企业进行博弈

企业由个人所组成，是个人为实现自身经济利益所组织的虚拟的经济实体。它和个人一样，都应有实现自我发展的权利。1986 年召开的联合国大会就已经通过宣言的形式对发展权进行了全面的阐释，发展权被认定为个人、民族与国家自由、积极且有意义地参与到经济、政治、文化和社会发展中并能够公平享有发展带来利益的权利。1993 年颁布的《维也纳宣言和行动纲领》又再次把人类社会发展的最终目标认定为各国改善与提高全体国民的生活质量，致力于合作实现发展的权利和消除发展的障碍。

我们从中可以看出，个人是发展权中的重要主体，可以各种合法形式参与发展并公平地享有因发展而带来的利益。个人要想更好地发展，良好的物质生活条件是必须具备的，在这种条件下才能在其他方面继续发展。要想得到良好的物质生活条件，个

〔1〕 何艳玲：《对“别在我家后院”的制度化回应探析——城镇化中的“邻避冲突”与“环境正义”》，载《人民论坛·学术前沿》2014 年第 6 期。

人需提高自身经济水平,这是个人可以通过多种形式取得的。个人设立企业的形式是最好、最快地使自身经济快速发展的方式,同时也会促进国家经济的发展。以此类推,企业作为社会中的虚拟经济个体,它由个人所组成,自然就拥有发展的权利。

自从我国进行改革开放以来,国家大力发展市场经济,使企业开展自由竞争,靠市场的优胜劣汰来促进社会的经济发展。各地政府开始轰轰烈烈地发展经济,视 GDP 的增长为最高目标,开展 GDP 的指标追逐赛。各种生产企业尤其是一些高污染项目的企业因其有高额的创收被政府所青睐。可以说国家对于企业的发展权不仅予以承认,而且给予了较高的保障,促进了企业快速发展,使其获得了巨大的经济效益。

企业在发展过程中对其他主体有一定的外部性。外部性是经济学的重要概念,它是指某个经济主体对另一个经济主体产生的一种外部影响,这种外部影响有好坏之分,可引申为某一经济主体在自身的经济活动中对其他主体产生良好影响的正外部性和不良影响的负外部性。这种有利影响所得的利益或不利影响所引起的损失,不被经济主体所承担,是一种经济主体活动中的附带性影响。

企业在社会的经济活动中的确能为自身带来收益并能促进当地甚至国家的经济发展,产生一定的正外部性。但企业在经济发展中要利用宝贵的自然资源,排放废弃物,都会对社会环境造成极大的负外部性,又因这种负外部性不会或很少转化成企业成本而给我们赖以生存的环境造成了非常大的破坏。

随着环境的不断恶化,此问题的严重性越来越被国家所重视。如果对企业的发展权不加以限制和约束,将会造成环境恶化,也不利于人类的可持续发展。国家开始设定各项法律法规去约束企业的经济发展行为,让企业履行更多的环境义务,国家也下大力度整治环境污染行为。但由于企业逐利的天性以及国家对于经济发展的有所偏重使在惩罚力度方面存在不足，环境保护的成效甚微，公民所处的生态环境依然由于企业发展中造成的污染而越来越糟糕。

我国法律中虽然规定企业的违法排污会受到行政处罚，合法排污如果侵害公民的身体健康和财产权益也应承担民事责任，但是对于后者而言，公民对大部分企业的合法排污行为必须要等到其实际民事权益真正受到损害后才能向企业主张赔偿，这样就不利于从源头上约束企业的污染行为，是亡羊补牢的做法。而且企业往往会存在侥幸心理，为降低生产成本也不会把合法排污中侵害公民民事权益的赔偿计算进来，不利于公民对于自身健康、财产和周围环境的保护。

这些情况的出现主要是由于公民作为与企业享有同等地位的民事主体没有在企业可能存在一定程度的污染环境行为之初就拥有与其相抗衡的保护自身所处的良好环境的权利，以致很少会成为企业在生产成本计算中考虑的对象，不能与其在平等地位下对抗造成的。也就是说，如果赋予公民能与企业抗衡的环境权，双方就能在权利对等的状态当中进行博弈而对公民的环境利益给予最大限度的保护。

博弈是重要的经济学概念，它是指双方主体在平等的对局中利用对方可能实施的策略而改变自身的策略以达到胜利的目的。博弈中最重要的方面就是双方互动决策的制定，因为每一方的决策都会互相影响，所以双方决策时都必须考虑对方会如何决策，以作出最有利于自己的选择，使自身利益最大限度地提高。

公民被赋予环境权就能对企业可能违法排污甚至损害公民身体健康、财产利益和破坏周遭环境的合法排污行为予以遏制，即只要企业有可能出现上述状况，公民就可以用环境权作为武器进行防御。企业也会因为公民被赋予环境权就主动限制自己的发展权，不仅认真开展环评以获得生态管理部门审批和遵守法律排放污染物,而且会尽力采用环保技术降低污染,开展严格的环保管理工作,照顾到公民的内心感受,努力获得公民的信任,以避免公民以环境权被侵犯为由使企业付出更多赔偿成本导致其整体效益降低。

在邻避设施选址中,我们可以明确的是邻避居民对邻避设施选址在自己附近这件事情必然是持否定态度的,因为无论是污染风险型邻避设施还是心理排斥型邻避设施都会对他们的身心健康造成损害或是破坏周围的环境,所以他们对邻避设施的兴建企业是予以抵制的。

如果邻避居民不享有环境权,就只能在企业违法时向行政机关反映使企业接受行政处罚或民事权益被侵犯时向企业主张赔偿。现在赋予他们环境权就能使邻避居民在邻避设施还未兴建的选址时期对于可能会存在污染风险或使他们心理排斥的企业进行抵制,除非企业一切环节都合法合理并采取相关措施获得他们的同意,否则他们就可不同意这种邻避设施兴建在自己周围,维护自己的环境权益。

邻避设施兴建企业也会为避免出现邻避居民以环境权与之相抗衡而维护他们环境利益的情况而努力采取各种方法征得邻避居民同意。这种做法第一能防止建设单位环评造假,保证环评结果的真实性。因为一旦被查出有环评违法行为,企业将失去邻避居民的信任,无法在当地兴建邻避设施。第二能促使企业想办法采用先进的环保技术尽量降低污染,在企业内部实施严格的环保检查制度以确保设施的良好运行,防止损害邻避居民的身体健康和财产权益,也有利于周围生态环境的保护。第三能使企业为征得邻避居民的同意,倾听他们的诉求,与他们经常沟通,尽最大努力满足邻避居民的合理条件,进而缓和邻避设施兴建企业与邻避居民之间的紧张关系,有助于邻避设施选址的成功,避免邻避冲突的发生。

总之,赋予邻避居民环境权能使他们与企业在平等的对局中进行博弈,双方都会尽力争取自身利益的最大化。这样不仅会在邻避居民和设施兴建企业之间起到制衡的作用,还能对我国整体意义上的环境保护事业起到促进的作用。

(二)公民环境权边界的确定

任何一项权利都有它特定的边界,只要能够找到权利边界,不跨越雷池一步,就不会发生权利之间的冲突。[1] 每一个行为个体都可以在自身享有的权利边界的范围内进行活动,同时也不能超越他人享有权利的边界。

在社会的组成结构中,行政主体被民众赋予委托的权力。如果行政主体滥用权力就会突破公民权利边界而导致权力与权利之间的不平衡。虽然每一类拥有权力的主体都想利用手中的资源获得最大化的利益,但为了社会能够正常运转和保证社会公众的合法利益,就要求国家赋予公民一定的权利,并规定正当的边界以保证公民权利不受权力主体的侵犯,公民环境权亦如此。[2]

因邻避设施的种类不同,带给邻避居民的负外部性效应也不同,所以不同邻避设施选址中邻避居民环境权的边界也有区别。我们要对污染风险型邻避设施和心理排斥型邻避设施选址中邻避居民环境权的权利边界予以区分,以利于在对邻避居民环境权合法保护的前提下对邻避设施选址中的利益冲突予以化解。

1. 污染风险型邻避设施选址中邻避居民环境权的权利边界

污染风险型邻避设施选址中,邻避居民最关心的两个问题就是因邻避设施兴建会带来的污染致使他们的身体健康受到侵害和周围的生态环境遭到破坏。如垃圾焚烧厂选址地附近的居民

---

〔1〕 郝铁川:《权利冲突:一个不成为问题的问题》,载《法学》2004 年第 9 期。

〔2〕 李琼:《权利边界、冲突及其衡平》,载《湘潭大学学报(哲学社会科学版)》2012 年第 1 期。

担忧垃圾焚烧所产生的化合物二噁英具有致癌特性，而且会影响胎儿发育甚至死亡。厦门对二甲苯（PX）项目最初确定选址在厦门海沧半岛时，厦门市民关心的是PX为一种有毒性的化工原料，当人体吸入过量PX时，可能出现急性中毒反应。而且厦门PX项目与国家级风景名胜鼓浪屿的距离较近，附近还有为濒临灭绝的珍稀海洋物种设立的自然保护区。

这些污染风险型邻避设施都有造成邻避居民身体健康受损和周围生态环境破坏的可能，所以污染风险型邻避设施选址中邻避居民的环境权应主要指向生存性环境权。又因为环境权主要指的是公民有在良好生活环境中生活的权利，我们可以认为当因其他主体的行为而致使公民不能在保持身体健康的良好生活环境中生存时，即侵犯了公民的生存性环境权。

污染风险型邻避设施选址中邻避居民的生存性环境权的权利边界应围绕健康和环境的良好程度而设定。因为良好的环境需求因人而异，而且人在不同情况下对环境持有的需求也不尽相同，这种利益需求的最高程度无法确定。所以这种“良好”应主要指公众在无害环境的基础上对环境状况满足自身需求而提出的更高的常态化要求。

污染风险型邻避设施选址中邻避居民的环境权应该把这种对环境状况良好的要求限定在一定范围内而不能无限扩张，这种范围应存在它的下限与上限。

人的生存需求是人对环境需求的最低层次，它是环境对人自身健康以及生命安全的影响。这一点也与马斯洛的需求理论相对应。所以人的身体健康是环境对人身利益的物质性影响，也是利益诉求的核心所在。而环境对人健康影响的判断标准就是有害和无害，如果主体破坏环境而对人体健康有害就一定属于对环境权的侵害。所以污染风险型邻避设施选址中邻避居民的环境权良好范围的下限就是环境对人体健康构成了侵害，而是否对人体健康构成侵害可以参照环境质量标准中环境质量对于健康可能造成的损害而定。

接下来就是要对污染风险型邻避设施选址中邻避居民的环境权良好范围上限进行确认。鉴于社会的发展,人们对环境利益的诉求提升,污染风险型邻避设施可能对生态环境的破坏虽然没有变化到损害人体健康的程度但也会对邻避居民的生存环境带来严重的破坏,而且这种污染对环境的破坏程度一定是比照原生态的环境使社会大众普遍性地难以容忍,因而必须向有关机关主张权利来阻止环境状况的恶化。我们可以把这种“恶化程度”定义为良好范围的上限。[1] 但这种“恶化程度”必须要合理把握。因为社会在发展,企业也有发展的权利,而且污染风险型邻避设施的生产企业在发展过程中必然会排放一定的污染物,如果仅仅因为污染风险型邻避设施的生产企业会造成周围环境没有达到一定程度的污染而阻止其兴建就是超出公民环境权行使边界的维权现象,就属于对环境权的滥用。这种环境的“恶化程度”可以根据当地原来的环境状况和法律中对环境质量标准与污染物排放标准的规定和技术指标来确定。

所以说,污染风险型邻避设施选址中邻避居民的生存性环境权的权利边界就是一个有着起点和终点的“良好范围”。“良好范围”的起点就是污染风险型邻避设施带来的污染对人身体健康的侵害,“良好范围”的终点就是因没有达到国家或行业、地方的环境质量标准和污染物排放标准而可能会造成的周围环境的“恶化程度”。

综上,污染风险型邻避设施选址中的邻避居民在面对污染风险型邻避设施即将要选址在居住地附近时,他们可以根据邻

---

[1] 张璐:《容忍义务的扩张与限缩——以容忍义务为参照的环境权理论批判与重塑》,载《甘肃政法学院学报》2015 年第 6 期。

避居民环境权的权利边界来行使自己的环境权,对于污染风险型邻避设施可能会带来的人体健康损害和周围环境的恶化,邻避居民都可以提出自身合法的环境诉求,向国家机关寻求救济和保护。

2. 心理排斥型邻避设施选址中邻避居民环境权的权利边界

在心理排斥型邻避设施选址中,邻避居民关心的问题就是因邻避设施兴建会带来的心理不宁适感和对特殊群体的厌恶而产生的恐惧感。如殡仪馆、墓地等心理排斥型邻避设施选址地附近的居民担忧鬼神出没、与死者相邻不吉利、破坏家中的风水以及房产上的贬值等;戒毒所、精神病院等心理排斥型邻避设施选址地附近的居民担忧这些瘾君子或病人等被大众厌恶的特殊群体会对他们的安全造成威胁以及房产价值的下降。

这些心理排斥型邻避设施都会使居民的心理和精神上感到不舒服甚至排斥,所以心理排斥型邻避设施选址中邻避居民环境权的权利边界就要从精神性环境权的层面来考虑。

精神性环境权不同于生存性环境权,它属于人格性的层次,因为它关涉人的根本尊严,是人的精神性的权利,是环境权的最高层次。从这个意义和层次上讲,环境权从本质来讲是一项抽象权利,环境于人的意义已经达到了精神活动的新高度,这也是对人的本质和能力的根本展示。从环境权的角度来看,精神性环境权也应是环境权能达到的最高层次。[1]

各国立法中的精神性环境权一般都包括日照权、眺望权、景观权、静稳权、亲水权、达滨权、清洁水权、清洁空气权、公园利用权和历史性环境权等。这些精神性环境权中的大部分权利都属于哲学或美学意义上的精神享受性权利,与人在心理上对良好环境的感受息息相关。

---

〔1〕 孟庆涛:《环境权及其诉讼救济》,法律出版社2014年版,第85页。

在心理排斥型邻避设施选址中，邻避居民的环境权主要体现在精神性环境权方面，精神性环境权主要体现的是对公民精神层面需求的环境利益的保护。对于以精神层面需求为核心的环境权益来说，很有必要在理论方面确定其利益诉求的边界，充分阐释这种边界确定的正当性与合理性。

由于社会的发展在进步，法律不断在提升对人们利益保护的层次，从最开始仅仅在物质层面到后来的精神层面。这就意味着法律的保护范围将容纳公民的部分精神审美诉求。但法律无论如何也仅是一种社会调整机制，它只能立足于社会现实对人的利益进行保护，只能达到大众一般的社会心理预期，在无害环境的基础上将环境的质量水平有所提升，不可能达到人人满意的程度。

我们可以认为法律保护的这种精神层面上的环境权应是指环境虽然没有变化到损害人体健康的程度但对人精神层面的审美需求造成了一定程度的困扰的情形，这种困扰是对于最初理想状态的明显变化，而这种“明显变化”一定是对人对于环境的审美需求产生了具有转折性的实质影响，使社会大众普遍性地难以容忍而必须向有关机关主张权利。[1] 我们可以把这种“明显变化”作为心理排斥型邻避设施选址中邻避居民精神性环境权的边界。

接下来，我们来分析“明显变化”的界定。因为心理排斥型邻避设施选址中邻避居民环境权的权利边界比较抽象，主要是因为精神性环境权就是一种抽象权利。而且人与人之间对于环境的审美角度不同，感受也不尽相同。有的邻避居民对于心理排斥型设施的兴建能够予以理解，并不会产生心理上极大的排斥感，即对于这类设施较能够容忍。而有的邻避居民对于心理排斥型设

---

〔1〕 张璐：《容忍义务的扩张与限缩——以容忍义务为参照的环境权理论批判与重塑》，载《甘肃政法学院学报》2015 年第 6 期。

施的兴建强烈反对,认为这种设施兴建在自己家附近会对自己的精神健康造成严重的影响,甚至出于对鬼神和特殊群体的恐惧不敢居住在此地。

所以作为心理排斥型邻避设施选址中邻避居民精神性环境权边界的周围环境的"明显变化"无法由法律来明确界定,而需要综合邻避居民所生活地域的人文环境、特殊信仰以及是否会对他们产生实质影响等方面由法官自由裁量。

另外,公民对于自身拥有的环境权进行表达时也不能逾越法律的边界。在邻避设施选址冲突的案例中,很多邻避居民不是采取合法的诉求提出方式,而是不经有关机关允许去集会、游行、示威,被阻止时不服从解散命令;在媒体和网络上散播谣言引起群众恐慌,破坏社会秩序;用暴力和威胁的方法去阻挠国家机关工作人员依法执行职务,故意破坏国家公安机关正常依法执行维护国家安全的工作任务,为达到目的致使政府工作不能正常进行,社会治安严重被破坏。一些能够惠及大众的邻避设施也往往因民众的这种非法表达被迫停建,致使国家经济发展停滞,公共服务事业受损。这种表达环境权的方式是违法和不值得被提倡的。

总之,公民环境权的行使不能超出权利自身的边界,表达时也不能逾越法律的边界。只有这样才能对政府权力形成合法合理的制约,避免行政权力给公民环境权造成损害而引发利益冲突。

四、邻避设施选址中企业环境社会责任的承担

企业在发展的过程中必然会耗费大量的自然资源,并且对自然环境会造成较大的负外部性,超出了环境的承载力,造成了环境的破坏,反过来也抑制了企业的发展。这时国家为了人类的生存环境,为了人类的可持续发展,就需要对企业的发展进行抑制或采取多种方式促使企业改变生产方式。但是国家的行为毕竟

只是外部因素，只有靠企业自身的改变，承担起企业环境社会责任，对自身拥有的发展权进行严格的自我规制，才能从根本上起到作用。

在邻避设施选址引发的冲突中，民众利益诉求的根源就是反对企业所造成的环境污染，如果这种污染能得到控制，自然也就不会有邻避冲突，也能促进经济的可持续发展，保护我们的生存环境。但企业毕竟靠营利才能生存，我们在环境保护过程中也要对企业的经济利益予以关注，促使它承担环境社会责任，这也需要多主体共同努力。

（一）企业承担环境社会责任的正当性

企业环境社会责任指的是作为一种社会群体的企业在开发利用环境行为的过程中对社会和其他公众所履行的除强制性法规外的环保义务，是一种颇具主动性的责任。它具有两个特征：第一，企业是从事开发利用环境行为的企业（包括排污企业和开发利用资源企业），它们同时也属于社会群体；第二，企业承担的这种责任不是源于法律强制要求其遵守的规范，而是企业用来维系、调整与出于本能利用环境的公众之间自然和谐之关系的一种道义上的责任。

我们结合法律实施来进行分析，企业履行环境社会责任可分成两个层次：第一层次是企业要履行的最基本义务与社会对企业最基本的要求，即遵守相关环境立法中的强制性规定。如果企业不能达到这个基本要求就谈不上履行更高级别的责任。第二层次是企业自发性地去承担环境社会责任，这些责任包括积极履行环境法律法规中具有指导性与任意性的规范，适用不同社会组织或行业组织推荐的对环境保护有利的规则，树立环境保护理念并且是自愿地付诸实施的行为。[1]

所以我们可以明确,企业环境社会责任不仅仅是指企业因违法破坏环境受到的惩罚,它更多的是体现社会对现代化企业能对环境产生正面影响的美好期望。这种责任的承担也是企业对人类环境保护作出的让步,当然这种让步对企业而言也是长远利益的追求。[2]

在邻避设施选址中的设施兴建企业也应承担起环境社会责任,其承担这种责任的正当性具体而言可表现在如下三个方面:

首先,能促使企业积极参与到设施周边的环境保护中进而增强企业的社会竞争力。企业承担起环境社会责任就会自然地将环境保护和治理的理念纳入邻避项目的生产经营计划决策与实践之中,综合各方因素进行考虑,合理开发利用资源,解决经济发展中生态环境资源过度消耗的问题,减少对设施周边生态环境的破坏活动,不断减少环境污染,选择出最符合自身发展的、更加有效的减少污染的措施,从而降低污染控制成本,也尽量减少其产生的负面影响,将环境保护体现于邻避项目生产经营的每一个具体环节,实现环保的目标。这样企业就会成为对社会负责的企业,消费者与社会公众就会对企业的产品有认同感,企业因而会获得非常良好的社会声誉,以保证其在激烈的市场竞争中占据一席之地,也有利于在整个社会形成环境保护的正向效应。

其次,能激励企业从被动守法向主动守法转变,增强企业守法的主动性。企业作为重要经济主体,其营利本质决定了企业对"成本—收益"更加敏感,本身具有很强的逐利性,不愿意花费成本在环境的治理和改善方面,一直处于被动守法的状况之中。企

---

〔1〕 汪劲:《环境法学》,北京大学出版社 2006 年版,第 69 页。

〔2〕 赵惊涛、张辰:《排污许可制度下的企业环境责任》,载《吉林大学社会科学学报》2017 年第 5 期。

业承担起环境社会责任就会促使其主动遵守邻避设施选址相关法律法规，对政府为其提供的守法援助措施积极接受而增加守法收益，力争使用最少的资源产生最大的经济、社会和环境效益，体现现代化企业理念，减少因邻避设施兴建给邻避居民带来的环境污染。

最后，能缓解企业经济利益与公众环境利益的冲突，促进环境友好型社会的实现。由于邻避冲突的频繁发生，企业承担起环境社会责任就会更考虑公众的环境利益，节省自然资源和能源，削减资源采购方面的经济成本，对环境信息公开披露，听取多方意见，鼓励邻避居民对企业环境保护情况开展监督，避免环境风险。这样有利于企业自身经济利益与邻避居民环境利益的平衡发展，形成一种相对稳定的常态法律关系和相对清晰的利益与责任分配机制，有利于邻避居民对设施的接受，避免冲突的发生。[1]

（二）企业环境社会责任的承担：严格的自我规制

传统的环境管理模式对于环境问题的干预是“传统命令式”的干预，被有些学者称为第一代环境法。这种干预方式存在较多的弊端，如行政机关实施环境规制的成本较高，需要耗费政府和企业大量的人力、物力等资源；因行政机关的规制必须遵循正当行政程序统一作出，不可能针对某类个体作出，并且针对的是已发生的环境危险，而不是可能性的环境风险，对于风险预防来说较为滞后；[2]行政机关制定的环境规制标准单一，很难根据变化的环境风险及时修正，带有死板和僵化的特征。

---

〔1〕 梁甜甜：《多元环境治理体系中政府和企业的主体定位及其功能——以利益均衡为视角》，载《当代法学》2018 年第 5 期。

〔2〕 ［日］黑川哲志：《环境行政的法理与方法》，肖军译，中国法制出版社 2008 年版，第 25 页。

由于第一代环境法缺陷的存在，第二代环境法应运而生。它对环境问题的干预主要是将利益的增进内化为制度构造的目标，克服了第一代环境法抑负功能的缺失和“不能”，使企业能把环境保护的目标和自身利益的增进相结合。[1]

企业如何能更好地承担起环境社会责任，还是应靠企业自身的转变。有学者就基于反身理论提出了企业应作为自我规制主体来解决环境的治理问题。在环境法中运用反身理论来解决环境治理问题的具体运作方式是在遵循环境保护价值的前提下，通过法律促使和激励社会上的每一类主体都在内部对提升环境质量问题进行自我反思，形成“生态自我组织”的积极参与环境保护的社会状态。[2]

自我规制就是根据反身理论而赋予主体自身一定选择权利及行为自由为主要内容的一种制度类型安排，具有更大程度的自由或者自治度。所以，作为内力能起到作用的企业自我规制方式便应运而生，能对企业自身的可持续发展起到良好的促进作用。

企业自我规制是企业根据自身利益需要依法自行制定的适合自身发展的环境规则的行为规范，其特点是自我约束和自行管理。企业如果作为环境治理中的自我规制者，在生产决策与经营过程中能采用有效的自我管理的方式，就会对企业自身产生良好的治理效果。企业环境自我规制并不是政府环境管理行为的附属和延伸，而是企业作为污染者自身的内部自律行为，与政府的环境管理处于环境治理的杠杆两极。企业自我规制兼具公益性和私益性，既体现公法层面上行政干预退后的思路，也彰显私法层面上“自我负责”的精神意旨。

---

〔1〕 郭武：《论中国第二代环境法的形成和发展趋势》，载《法商研究》2017年第1期。

〔2〕 谭冰霖：《环境规制的反身法路向》，载《中外法学》2016年第6期。

企业如果能在环境治理中进行严格的自我规制，会在立法的制定、环境治理的社会效果和自身经济效益的提高方面产生良好的效果。具体阐述如下：

首先，能填补环境立法的空白，弥补法律规定的滞后性。由于法律法规和公共政策的调整不及时、制定周期长等原因，往往会出现“法律盲点”。企业进行自我规制行为，尤其是在采取严于现有环境标准时，将会填补因立法滞后所导致的负面影响。

其次，能优化环境治理的效果。与政府环境规制不同，企业自我规制有其特殊的优势。因为企业规制相较于政府规制更加自由，有内在的主观能动性和独立性。这种特性能强化企业作为环境治理主体的责任，以促使企业尽力采取一切有效措施，最大限度地减少污染物排放，有利于实施清洁生产。〔1〕

最后，能提高企业的经济效益。相对于政府直接管理，企业自我规制的成本较低。由于自我规制是由被规制者自己制定、执行和修改的规制准则，企业能利用其具有的经验和判断力去解决在生产经营中遇到的个性化环境难题，企业自身所具备的深厚的专业技术功底也能够降低信息的监督和执行成本，提高企业自我规制的效率，增加企业的经济效益。〔2〕

在邻避设施选址中，由于企业经营过程中所带来的负外部性会给邻避居民带来不适感，这也是公众与政府、企业冲突产生的主要原因，所以企业应该采用自我规制的方式来承担环境社会责任。企业应该做到以下几点：

第一，改变传统的运作方式。如污染风险型邻避设施运作时可尝试采用清洁生产方式。这种生产方式是从生产的源头进行

---

〔1〕 王清军：《自我规制与环境法的实施》，载《西南政法大学学报》2017年第1期。

〔2〕 梁甜甜：《多元环境治理体系中政府和企业的主体定位及其功能——以利益均衡为视角》，载《当代法学》2018年第5期。

控制,生产出的产品会更受消费者青睐,它对企业的自身发展与社会环境的保护都具有良好的作用,在实践中也得到了验证。心理排斥型邻避设施要以人性化的方式来运作,减少邻避居民的不适感,这样就会减少负外部性效应,相对来讲也不会遭到群众的抵制。

第二,企业及时、主动公开环境信息。虽然国家对相关企业有强制披露环境信息的规定,但都带有一定的强迫性。而且企业在生产过程中的环境信息随时会有变化,邻避居民是不知情的。在邻避设施选址中,对于可能要落地的企业而言,其有义务通过自我规制的方式,全面、及时、主动地向社会公布环境信息,还要承诺在生产过程中根据环境信息变化也会及时调整并公开,并保证其真实性。邻避居民能够随时了解企业生产中变化着的环境信息,这也是他们与企业进行沟通的桥梁,也体现出开发企业把环境保护放在首位的诚意。企业公开环境信息是构成邻避居民参与环境治理的先决条件,这样也更能为邻避居民所接受。

第三,改变内部的组织管理方式。企业应该制定适合企业环保发展的内部规则,设置管理环境事务的专门机构和专职管理人员,并厘清各方的责任。污染风险型邻避设施应制定环境导向型的企业发展战略,树立科学的环保理念,制定恰当有效的环保目标;实施专业化的组织结构战略,在运作的每个环节都注重环境的管理;建立严格的环境保护管理监督体系,对环境管理不当的地方及时发现并追究相关人员的责任。心理排斥型邻避设施应注重人性化管理,设置专门的事务协调人员与群众沟通,了解民众诉求,快速妥善地解决出现的问题。企业可以带领邻避居民到企业走访观察,知晓企业的管理方式,把因设施兴建引发冲突的可能性降到最低。

(三)企业承担环境社会责任需要多主体共同努力

促使企业承担环境社会责任需要全社会的共同努力。如上文所述,政府是国家行政管理主体,它承担着环境保护的责任,应该采用多种有效方式对企业进行鼓励,使企业有动力去承担自身的环境社会责任;企业自身应把承担环境责任看作一项必要且有价值的工作,重塑责任意识,把承担这种责任看作对社会负责的体现。公民也应该树立绿色环保意识,行使环境权,以个体或成立环保组织的形式对企业的环保状况予以监督,促使企业专注绿色环保产品的开发和生产,推动企业实施环保产业转型。

我们需要注意的是社会中的一些主体也可因自身特有的性质,尽到各自的职责,成为促使企业承担环境社会责任的重要力量。比如金融机构和行业组织就可以根据自己的特点分别通过"绿色信贷"的提供和行业规制的实施对企业降低或消除污染起到有力的促进作用。

1. 金融机构提供"绿色信贷"

金融机构以其提供的金融产品和服务来聚集闲散资金、优化资源配置和调剂资金空缺,从而成为现代金融大厦的基石,因此也应在资源节约型、环境友好型社会的建设中发挥其信贷杠杆的重要作用。我们可以把金融机构以环保作为考量要素而提供信贷的方式称为"绿色信贷"。

"绿色信贷"是金融机构参与社会环境治理的重要工具,是对政府强调多元主体治理环境的呼应,是社会其他主体对环境治理的有力参与。它要求金融机构把环境因素的考量纳入其贷款决策中并随时跟踪其贷出款项的使用方式,采取有效措施,形成一个多层次、多环节的制度体系,以保障其信贷行为能切实预防污染的发生。

金融机构为提供"绿色信贷"采取的措施包括:(1)信贷筛选。贷款之前,金融机构对拟贷出款项企业的环境信息披露状况进行评价和筛选,再决定是否贷款。(2)资金使用跟踪。贷款之后,金融机构充分利用其作为债权人的身份,在贷款协议中明确规定企业怠于履行环境信息披露义务的后果。(3)金融机构行业组织的监管。若干金融机构共同成立的行业监管组织对各金融机构的投资行为进行核查和监督,对那些明知企业在环境信息披露方面有不良记录仍为其提供贷款的金融机构给予相应的处罚。[1]

"绿色信贷"最早出现在国际金融领域的"赤道原则"当中。这项原则表明各国金融机构在对总投资额度达到一千万美元以上的现有项目和新开发项目投资时,必须要对这类项目潜在的环境风险作出综合评估,只有达到国际相关标准的企业才能接受融资服务。在赤道原则的基础上,国家环境保护总局、中国人民银行、中国银行业监督管理委员会于2007年7月共同发布了《关于落实环保政策法规防范信贷风险的意见》(环发〔2007〕108号),其中规定各级环境保护部门应按照环保总局和人民银行制定的统一标准,提供可以纳入企业与个人信用信息数据库的企业环境违法、环保审批和认证、清洁生产审计、环保先进奖励等信息数据。政策发布后得到了大部分地区金融系统和环保部门的回应。2011年10月,国务院出台了《关于加强环境保护重点工作的意见》(国发〔2011〕35号),规定要加大对符合环保要求和信贷原则的企业与项目的信贷支持。2012年1月,中国银行业监督管理委员会制定了《绿色信贷指引》,第17条规定银行业对环境和社会表现不合规的客户,应当不予授信。

以上规定表明"绿色信贷"这一经济手段已全面进入到我国环境治理的主战场,有力地推动了企业由传统生产方式向环保生产方式的转型。

在邻避设施选址中,金融机构应利用"绿色信贷"提高开发企业贷款的门槛,把生态保护和环境标准作为对企业发放贷款的硬

---

〔1〕 吴真、梁甜甜:《企业环境信息披露的多元治理机制》,载《吉林大学社会科学学报》2019年第1期。

杠条件，根据企业的环保状况提供信贷，对不符合相关环境检测的项目坚决不发放贷款。这就会使一些没有达到环保标准的高污染项目不能得到金融机构贷款，遏制企业对高污染项目的投资冲动，也会促使开发企业转变传统的生产方式，尽量达到环保标准并努力提高环保水平，激励企业降低污染成本，从根源上消除邻避设施可能给邻避居民带来的负外部性，进而实现国家产业结构的调整。如果企业真能在金融机构"绿色信贷"的带动下作出如上改变，自然在兴建时就不会遭受到邻避居民的强烈反对，邻避设施的选址问题也会顺利解决。

2. 行业组织实施行业规制

行业组织是建立在成员企业自愿的基础上，代表成员共同利益所组成的非营利性的民间团体。它介于政府、企业之间，商品生产者与经营者之间，能协调政府和成员企业之间的关系，维护成员企业的利益。

行业组织实施行业规制属于本行业内部的自我规制，它之所以能产生和发展就在于能满足行业成员企业的共同需要，集中表达经济主体的利益主张和权利要求，保障经济主体私权利的实现。[1] 因为每一类行业的组织内部都能创制出适合自己行业的规范，当国家法律不足以对本行业进行规制时，一些行业习惯和章程就会以创造法的方式"生产"出来。[2]

行业组织的成员企业加入本行业组织后就可以通过组织与政府的决策进行博弈，避免企业个体能力不足带来的缺陷。因此，行业组织在其代表的整个行业当中有着举足轻重的地位，如果行业组织给本行业定下环保的基调和规定环保方面的行业标

---

〔1〕 吴碧林、眭鸿明：《行业协会的功能及其法治价值》，载《江海学刊》2007年第6期。

〔2〕 孙笑侠：《论行业法》，载《中国法学》2013年第1期。

准并制定奖励措施,就会带动整个行业对环保问题的重视,激励企业研发绿色产品,采用清洁生产的方式,控制生产中可能带来的环境污染,以期树立自身在本行业中的重要地位。比如行业组织可以通过设定环保标准的奖励等级,对于达到某个标准等级的企业给予物质上的奖励和精神上的荣誉表彰,如授予某企业“环保龙头企业”“绿色产品荣誉企业”等,这些荣誉都能提升企业的社会影响,有利于提高企业的经济效益。

行业组织实施行业规制对邻避设施选址中主体利益冲突的化解具有一定的良好效果,具体表现在以下几个方面:

第一,行业规制能及时关注和处理成员企业的环境事务。行业组织可以定期要求或抽查企业报告邻避设施项目的污染物治理和环保设施运行情况,从行业规制的角度促使邻避项目的开发企业重视生产过程中的环保问题,提高企业在行业组织中的影响力和产品在社会上的竞争力,促使企业从传统的粗放型的经济增长方式向现代的集约型的经济增长方式转变。

第二,行业规制能有效抑制政府寻租行为。当环境规制权力被政府所垄断时,政府寻租行为就容易出现,不利于环境污染问题的解决。但行业规制打破了政府环境规制权力的垄断,开发企业接受行业规制获取服务可导致“规制俘获”和政府寻租机会大大减少,保障政府对邻避项目环境影响监督的公正性。

第三,行业规制能有效实现环境规制的要求。行业组织可以采取一系列手段多样的惩戒措施纠正开发企业的环境违法行为来达到震慑开发企业的目的,使其重视邻避项目的环保问题。这种通过本行业组织来规制个体成员企业的行为比国家法律规制更为有效,易于问题的解决。[1] 但需要注意的是,虽然行业组织

---

〔1〕 王清军:《自我规制与环境法的实施》,载《西南政法大学学报》2017年第1期。

进行行业规制较其他规制方法更为有效，但政府对行业组织实施行业规制的合法性进行监督也是十分必要的。这样能更好地促进行业组织的发展，进而对邻避冲突的解决也会有所助益。

综上，行业组织参与到邻避设施选址冲突的多元联动治理中必然会减少因邻避项目运作而导致的环境污染，使邻避居民对兴建在自己居住地附近的邻避设施放心，从根源上化解他们与政府和企业之间的利益冲突，促使邻避设施选址顺利完成。并且由于行业组织的奖励措施是一直存在的，开发企业在之后的邻避项目运作中也会注重环境污染的控制，加强企业内部的环保管理和监督，在行业组织和社会中保持良好的形象。

第二节 邻避设施选址中利益冲突化解的具体路径

在邻避设施选址中，政府、企业、公民和其他组织等多元主体要在正确的权责定位下，联动参与到与选址结果相关的决策当中，形成互助、平等关系，实现主体间的良性互动以避免冲突的发生。这种良性互动可以通过协商方式、授权方式、补偿方式和司法救济方式四种具体路径来实现。

一、路径之一——协商方式

协商是由对某类问题有不同意见的各方主体通过交换信息，促使各方向已方意见的妥协让步，最终达到彼此均能接受的结果的互动过程。这种方式体现了不同主体在地位上的平等、交换意见过程的互动和最终结果的一致。[1] 协商方式化解就是指冲突

---

〔1〕 相焕伟：《协商行政：一种新的行政法范式》，山东大学2014年博士学位论文，第38页。

的各方通过自主协商的方式产生互动来化解冲突的方式。

协商有助于主体之间的沟通,因为如果社会整体系统中的各个子系统之间缺乏沟通和协调,就会发生破坏性的冲突。正如著名哲学家哈贝马斯所述的那样:"只有经参与实践商谈的具备某些能力的个体达至统一的规范时才会真正有效。所以作为社会子系统的各方必须在共同承认的规则背景下以协商方式来解决问题才能实现最终目的。"[1]

邻避设施选址中利益冲突化解路径的协商方式是指冲突的各方通过协商的方式表达自身的利益诉求,使对方知晓并形成积极互动以期化解冲突。协商方式能够采取的前提是公众享有环境事务参与权,可以表现为多种具体方式。美国在邻避设施选址中采用的签订社区利益协议的协商方式就值得我国借鉴。

(一)协商的前提是赋予公众环境事务参与权

协商需要在地位平等的基础上进行才能达到良好的效果。而政府是享有环境管理权力的行政主体,拥有一定的自由裁量权,公众和其地位在法律上就不平等。企业是拥有发展权的经济主体,虽然他们作为拟制的自然人与公民有同等的法律地位,但在实践中他们往往因为具有雄厚的经济基础比公众拥有较多的话语权,没有和公众形成真正意义上的平等。

只有赋予处于弱势地位的公众与政府、企业相抗衡的权利,他们才会有与政府、企业进行协商的资格,政府和企业才会愿意与公众协商,公众的意见才能更为他们重视,才会产生良好的协商效果。这样也会使环境决策过程在最大程度上实现民主和公开,有助于实现政府协商行政的转变,有助于减少因利益冲突而产生的社会矛盾,以使政治国家和市民社会之间能形成和谐共处

---

〔1〕［德］哈贝马斯:《在事实与规范之间》,童世骏译,三联书店2003年版,第131页。

的局面。

环境法中的公众参与是公众被赋予程序意义上环境权中环境事务参与权的体现，这也是公众能与政府和企业协商的前提。2015年施行的新《环境保护法》和2018年新修订的《环境影响评价法》都规定了公众参与是开展可能造成重大环境影响的建设项目的必要条件。2019年开始施行的《环境影响评价公众参与办法》（以下简称《环评公众参与办法》）又对公众参与的具体方式做了比较详尽的规定，这些都体现了我国环境法律对公众环境事务参与权的明确和重视。

在邻避设施选址中，由于邻避设施的兴建可能会侵害附近居民的环境权利，邻避居民就是这类环境事务中的利益相关主体，所以政府和企业进行选址时应该与他们协商后作出决定。而邻避居民因被赋予环境事务参与权就有了与政府、企业进行协商的资格。邻避居民可以通过自愿民主的形式参与到协商当中，站在自身的立场上表达合理的利益诉求，与其他主体进行意见的交涉，针对邻避设施可能对人体健康的损害和周围环境的影响、对城市的规划以及邻避项目的环境影响评价提出合理的建议供政府、企业采纳，合法合理地行使这种环境事务参与权。

我国邻避设施选址中公众的环境事务参与权主要体现在对规划和建设项目的环境影响评价方面。2019年1月1日起实施的《环评公众参与办法》虽然在增强公众参与环境事务的可操作性、保障公众参与环境事务的充分性、突出公众参与环境事务的惩戒性和提高公众参与环境事务的高效性方面都进行了完善，但笔者认为其在维护邻避设施选址中公民程序上的环境权方面还存在一些不足，具体体现在以下三个方面：

第一，《环评公众参与办法》中有与上位法无法衔接的条款。《环评公众参与办法》是为保障公众参与到环评中来保障公众程序意义上的环境权而制定的部门规章，里面虽然规定了公众对于生态环境主管部门对环境影响报告书审批的具体行政行为可以提起行政诉讼,但是在我国《行政诉讼法》中没有明确行政机关的此类具体行政行为属于人民法院的受案范围,仅仅能从其第12条第2款“除前款规定外,人民法院受理法律、法规规定可以提起诉讼的其他行政案件”的条文中可以推定出来。但是本条款明确写明是“法律、法规规定可以提起诉讼的其他行政案件”,而《环评公众参与办法》属于部门规章,不属于法律法规,它的效力层级在法律和行政法规之下,当与上位法相抵触时则无效。也就是说《环评公众参与办法》中的针对此类案件可诉的条款与上位法无法衔接,这样会导致邻避设施选址中的邻避居民认为生态环境主管部门对环境影响报告书审批的具体行政行为程序违法时可能因为《环评公众参与办法》与上位法《行政诉讼法》相抵触而无效,形成他们虽然享有程序意义上环境事务的参与权但依然无法得到司法救济的局面,这样的参与不能算是完整意义上的公众参与。

第二,《环评公众参与办法》中缺乏针对环境公共利益的保护。我国2015年施行的《环境保护法》中已经表现出对环境公共利益的保护。但《环评公众参与办法》作为下位法在进行落实过程中,缺乏建设单位在实施环评公众参与中对环境公共利益的保护,因为条款中主要是以保护环境私益为主。如《环评公众参与办法》中对公众参与主体的界定使环境公共利益目的模糊;环境信息获取不畅阻碍环境公共利益保护;参与渠道缺失阻碍环境公共利益表达;缺乏对建设单位环境公益保护的责任性规定等。这些问题的存在都会阻碍邻避设施选址中邻避居民在行使环境事务参与权时对环境公共利益的维护,这将不利于生态环境的保护,也会导致公众参与环保有效性的缺失。[1]

第三,《环评公众参与办法》中未针对规划环评中公众参与方面的特殊之处作出相应修改。《环评公众参与办法》主要是按照国家出台的《环境影响评价法》和《规划环境影响评价条例》予以执行,没有根据规划环评中公众参与的特殊性作出原则性的调整。而对于邻避设施选址中主体间的利益冲突化解而言,在规划环评中邻避居民行使环境事务参与权的意义更为重大,因为这样能够从源头上避免邻避冲突的发生。规划环评和建设项目环评有许多不同之处,但《环评公众参与办法》没有对规划环评异于建设项目环评中的公众参与问题作出补充或修改。这种情形会造成规划环评中对公众参与环境权问题关注得不足。

总之,如果《环评公众参与办法》注意与上位法的衔接、添加环境公共利益保护的条款和针对规划环评中公众参与方面的特殊之处作出补充或修改,这样就能够更好地保护邻避设施选址中邻避居民程序上的环境权,有利于邻避居民在公众参与环评中对环境公共利益的维护,有助于邻避居民在邻避设施选址前期参与到邻避项目规划中,使环境影响评价中的公众参与更加完善,进而更好地保护自身的合法环境权益。

(二)协商的具体方式

公众参与环境事务当中与政府和企业协商是通过立法建立的一种沟通和协调社会不同利益集团的协商机制。一般来讲,与环境治理有关的协商是各社会主体通过公民投票、公众意见、特别议会委员会、大众媒体传播、专业联合会、生态和平运动等不同形式的参与,使政府有关环境决策过程尽可能地公开、民主,是政治国家和市民社会间能够健康联系的有益途径。

---

〔1〕 朱谦、楚晨:《环境影响评价过程中应突出公众对环境公益之维护》,载《江淮论坛》2019 年第 2 期。

在邻避设施选址中,邻避居民以与政府和企业协商的方式参与其中,通过与政府、企业的合作行使自身程序意义上的环境权。他们可以站在自身的立场上,表达自身的利益诉求,对政府、企业的选址决定提出合理的建议供采纳,政府、企业也要把是否采纳的决定以及原因向邻避居民公开。这种柔和化的协商行政方式能使与选址相关的利益主体都参与到其中,通过自愿民主的形式来化解彼此之间的利益冲突,以减少因利益冲突而产生的社会矛盾。

在我国的邻避设施选址中,政府、企业与邻避居民协商的具体方式主要在2018年颁布的《环评公众参与办法》中有所体现,条文中提到的城市建设等专项规划要举行论证会、听证会或采取其他形式,向有关单位、专家和公众征求对政府制定的环境影响报告书草案的意见;对于建设项目建设单位可通过利用科普宣传和大众传播媒介等途径与公众加强互动,公众可在规定时间内以信函、传真、电子邮件或者建设单位提供的其他方式向建设单位提出与建设项目环境影响有关的意见和建议。建设单位针对在环境影响方面被公众质疑性意见较多的建设项目,可按照公众意见内容的不同进行分类,召开公众座谈会、听证会或是专家论证会。〔1〕

可以看出,邻避设施选址中利益冲突化解的协商的具体方式主要是集中在开展互动会议和多渠道表达意见这两种方式上面,虽然形式较为全面,但是实际效果不佳。究其原因就是政府、企业对于邻避居民的表达建议可以接受也可以不接受,没有形成书面的条文予以确定,所以造成一些会议和意见书的提交对于政府和企业而言只是在走过场,即使条文中规定建设单位如果未采纳邻避居民意见应该说明理由,但是因为对于产生环境影响的建设

---

〔1〕《环评公众参与办法》第2、4、12、13、14条。

项目本身就存在建设单位与邻避居民各执一词的现象，而且建设单位往往以采信专家意见为主，这就难以真正起到维护邻避居民利益的良好效果。

所以我们为保证邻避居民的合理意见被采纳，应该考虑是否有其他具体方式可以应用到协商当中，如签订社区利益协议就是一种很好的新型的协商方式。由于在邻避设施选址中，邻避居民的利益诉求是否被政府或企业采纳是不确定的，政府也是环境民事责任的承担主体，所以为确保邻避居民利益诉求的接受和选址工作的顺利完成，政府、企业和邻避居民之间可以把邻避居民所在社区作为基点，以签订社区利益协议的方式明确各方的权利义务，避免任何一方对承诺不予履行。

社区利益协议可分为社区邻避居民直接与企业双方签订的协议和地方政府代表社区邻避居民与企业签署的协议，当一方不履行协议的内容时追究其违约责任。社区利益协议之所以被某些地区广泛采用，就因为这种平等协商并确定权利义务的方式具有缓解邻避冲突的效果，并且使政府、开发企业与社区邻避居民三方都能通过这类协议的签订获得自身想获得的利益。

对于受设施负外部性影响的社区邻避居民来说，社区利益协议能带给他们更多的公众参与机会；还能提高大家对兴建设施的满意度和分享因此带来的利益，消除社区邻避居民对邻避设施可能对他们产生负外部性的结果之后赔偿的不确定性，使他们对此放心。

对于企业即项目的开发商而言，社区利益协议通过规定企业应履行的义务促使他们加强邻避设施在运行中的环境管理，降低污染风险；能使开发企业与社区邻避居民友善相处以避免增加诉讼成本,使项目因他们的支持而更容易获得政府批准。[1]

对于地方政府而言,能够通过对社区邻避居民和企业之间的协调促使项目选址成功和使社区邻避居民提高对设施的接纳程度,在社区邻避居民和企业面前树立政府保障公民权益的良好形象,避免给社区邻避居民造成政企勾结损害百姓权益的印象。

（三）美国社区利益协议的借鉴

美国社区利益协议就是在邻避设施选址利益冲突解决实践中应用较好的一种协商方式,其中有许多精华之处值得我国加以借鉴。

美国社区利益协议最初的形成就是由于一些邻避设施欲建在社区而遭到周边居民排斥后,邻避设施兴建企业为设施能够顺利兴建,不至于被社区民众反对而采取的有效的协商解决方式。这种协议是由开发企业和政府或社区共同签订的由开发企业满足社区居民一部分利益诉求并给予回馈补偿的协议。它从形式和内容上都最大限度地保障了邻避居民在程序上的环境权,即保证了邻避居民的有效参与并规定了主体不履行协议时的违约责任。这些因邻避设施兴建而签订的社区利益协议在美国的邻避设施选址中获得了巨大的成功,避免了许多邻避冲突的发生。

美国学者对社区利益协议曾有过两种定义,分别是从广义和狭义两方面作出的。社区利益协议的早期定义多属狭义,即把其看作"开发者和社区民众代表间签署的私人合同"。[2] 但在实践中发现,由于政府是民众利益的代表,社区利益协议中政府经常

---

〔1〕 Vicki Been, *Community Benefits Agreements: A New Local Government Tool or Another Variation on the Exactions Theme?*, The University of Chicago Law Review, Vol. 77:1, p. 5(2010).

〔2〕 Patricia E. Salkin & Amy Lavine, *Negotiating for Social Justice and the Promise of Community Benefit Agreements: Case Studies of Current and Developing Agreements*, Journal of Affordable Housing, Vol. 1:17, p. 114(2007).

充当重要的谈判角色，有些社区利益协议也由政府代表社区民众和企业签署。所以其从广义上来讲就是指“开发者与政府或社区民众间签订的合同”。[1]

社区利益协议的内容中对于企业设定的多为义务性条款，而社区民众的义务一般就是同意企业在社区附近兴建邻避设施。美国社区利益协议中一定要确定社区民众的参与范围、代表的选举办法和协商程序。社区利益协议中社区民众的参与范围一般是限定在受邻避设施影响的区域，对于政府代表民众签署协议的情形由政府来划定影响区域；代表的选举办法可由企业与社区委员会沟通共同确定参与协商的代表；协商程序一般包括企业介绍工程的影响和主要的减轻影响的计划，企业与社区委员会代表之间至少要举行一次以上的听证会。

美国的社区利益协议根据设施种类和社区的不同，开发商即企业提供的利益差别也很大，也就是说邻避设施给社区居民带来的身体和精神上的不适感越严重，企业的义务性条款就会越多。比如污染风险型邻避设施可能会给社区居民带来严重的健康威胁，那么在社区利益协议中企业就应给社区居民更多利益的回馈以换取社区居民的同意。虽然在利益回馈的多少方面有区别，但一般都包括下面几类内容：

一是为社区居民创造工作机会。开发商可以通过直接方式和间接方式给予社区居民利益。直接方式包括建立第一来源雇佣计划（优先雇佣受工程直接影响的特定群体、低收入群体）和优先与本地商户签订雇佣合同。间接方式包括设立组织提供就业培训机会和直接向相关实体捐献或资助相关职业培训计划。

---

〔1〕 Laura Wolf - Powers, *Community Benefits Agreements and Local Government: A Review of Recent Evidence*, Journal of the American Planning Association, Vol. 76:2, p. 141(2010).

二是为中低收入工作者保留一定数量或比例的住宅。美国的社区利益协议在包含住宅的邻避项目中,往往会规定为当地的低收入群体预留一定数量或比例的经济适用房。

三是约定开发企业一定要以对环境最低破坏程度的方式来开发建设。企业同意执行社区居民提出的较严格的环境标准,并请社区居民随时监督,如没有达到这种标准将给予居民赔偿。

四是同意改善现存的环境问题。如针对邻避工程影响当地通行,造成交通拥堵的情况,开发商承诺自主改善当地交通,使工程的负面影响降到最低。

五是开发商会兴建一些"邻利"设施来作为对社区居民的回馈。比如开发商会建设社区公园和公共娱乐设施,为当地居民提供休闲娱乐场所。

六是开发商会通过设立基金的方式"一揽子"地提供社区所需的利益。比如开发企业通过设立社区环境基金来兴建受社区居民欢迎的设施。

以上是针对政府或开发商的义务规定,而对社区公众的要求一般就是支持开发企业兴建工程,以促使项目尽快获得政府批准。

另外,美国有的州也以立法方式规定了社区利益协议的签订主体、代表选举办法和协商程序。比如2016年美国底特律市通过的《底特律社区利益条例》就对民众参与及协商的程序规定得较为细致。[1]

可以看出,美国的社区利益协议对政府或开发企业规定的义务较多也较为详细,给社区邻避居民带来的好处足以超过邻避设施兴建可能给他们带来的不良影响。这种社区利益协议制定的

---

〔1〕 王凌光:《论社区利益协议——美国解决邻避冲突的经验及启示》,载《行政法学研究》2018年第5期。

方式和程序以及其中的条款值得我国借鉴并在邻避设施选址中予以采用。因为这种协议对于冲突的各方,包括社区邻避居民、开发企业和政府都是有利的,能达到“共赢”的状态。

二、路径之二——授权方式

授权是组织运作的关键,是授权者将完成某项工作所必需的权力授给被授权者。授权是管理者的重要任务之一,也是一项重要的管理技巧。其属于管理者决策权力的下放过程,也是职责的再分配过程。

国家机关进行环境规制时应引入社会子系统的群体力量,不独占规制的权力并把这种权力向私主体分享,这是一种授权规制的方式。[1] 这种方式其实是将公法保障制度适用于私人主体,采取的是公私法融合的法律进路,强调规制的多中心、多主体、多方式等特点,较政府单一性治理的模式更为有效,被学者赞誉为“国家命令式调控缺陷的补充”。[2]

邻避设施选址中利益冲突化解路径的授权方式是指邻避冲突的各方不再把政府视作唯一的权力主体,而是把社会上的其他私主体看作是政府这类公主体的合作伙伴,在一定限度之内将政府原来享有的环境规制权力委托或授权给获认可的第三方主体来化解利益冲突。[3] 这种方式主要可表现为培育共同利益代理人和授权第三方环评。

---

〔1〕 谭冰霖:《环境规制的反身法路向》,载《中外法学》2016 年第 6 期。

〔2〕 高秦伟:《社会自我规制与行政法的任务》,载《中国法学》2015 年第 5 期。

〔3〕 [美]奥利·洛贝尔:《新新政:当代法律思想中管制的衰落与治理的兴起》,成协中译,载罗豪才、毕洪海编:《行政法的新视野》,商务印书馆 2011 年版,第 113 页。

(一)培育共同利益代理人

共同利益代理人是为可能发生利益冲突的各方主体而进行代理活动的人。共同利益代理人的产生需要是由于冲突的各方都会为自身利益而斗争,互相也都不信任其他主体会为相对方的利益考虑,于是为了彼此信任的需要,寻找或设立一个能代表政府、企业、公众共同利益的中立组织。这个组织能代表各方主体与其他主体进行协商,把各方主体的真实信息都告知相对方,把每一方主体的利益诉求也都反馈给相对方,并且帮助分析其中的利弊关系,促进协议的达成进而化解各方的冲突。

在邻避设施选址中,由于邻避居民对于政府和企业的不信任,易发生冲突导致选址失败。如果有一个能为邻避居民、政府、企业共同利益而代言的中立组织使各方对其都能信任,把政府的选址原因对邻避居民阐明,把知晓的开发企业的真实环境信息对邻避居民披露,再把邻避居民为何反对以及要求补偿等利益诉求向政府和开发企业反馈。这样各方都能出于对这种组织中立的信任而表达真实的意图,这种中立组织也会尽到自己的努力来促成双方利益的交换,有利于选址的成功,也不至于发生激烈的冲突。当然,这种组织属于私主体,它可以也应该具有营利性质,冲突各方主体都应该支付给其一定的服务费用。

在邻避设施选址中,易发生利益冲突的相关主体培育能代表各方的中立的共同利益代理人能产生如下良好效果。

第一,有利于降低交易的成本。可能受到邻避设施损害的邻避居民数量一般较多,他们的利益诉求也不同,共同利益代理人的培育能够把邻避居民有差异的利益诉求整合,减少政府和企业与公众协商的次数,降低交易的成本。

第二,有利于邻避居民获取政府和企业的信息。邻避居民能通过共同利益代理人这种中立组织知晓政府的选址信息和企业的环境信息。因为这种组织一般都能获得政府和企业的真实信息，这是邻避居民获取信息能力所不及的。这样有助于邻避居民对选址有清楚的认识和提出适当的利益诉求。

第三，有利于主体之间协议的达成。政府、企业和邻避居民找到共同利益代理人代理的目的就是避免冲突，和平解决问题，尽量使各方利益最大化，使邻避设施选址顺利进行。共同利益代理人利用自己的中立优势在得到各方信任的前提下，能照顾到彼此的利益诉求，必然会促成主体间协议的达成，使各方主体都比较满意进而避免冲突的发生。

培育共同利益代理人的做法能够促使设施选址的顺利进行，有很多选址成功的案例，反之可能就会导致选址的失败。

如美国的布朗公司欲在威斯康星州对当地的一座垃圾焚烧厂进行扩建，但是被垃圾焚烧厂附近居民强烈反对。后来为解决这种困境，地方政府提议成立一个中立性的组织，这个组织的成员包括政府官员、企业代表和公民代表，是垃圾焚烧厂扩建项目中政府与开发企业协商的唯一对象，收取双方费用，命名为“本地委员会”。这就使当地居民能够真正参与到项目建设中，提出有利于自身的利益诉求，避免冲突的发生，有利于设施的兴建。最终，此项目在原地扩建成功。[1]

上面是邻避设施得以顺利兴建的正面案例，还有因无中立组织参与而导致选址失败的反面案例。20 世纪 90 年代中期，我国台湾地区的拜耳公司欲在某地兴建一所化工厂遭到当地民众抵制，企业在长达三年的时间里一直坚持与当地民众沟通，反复强调其产生的污染物会合法排放和进行有效处理，也答应会满足民众的部分诉求，但是仍然不能取得民众的信任。在此期间，一些

---

〔1〕 Barak D. Richman & Christopher Boerner, *A Transaction Cost Economizing Approach to Regulation*: *Understanding the NIMBY Problem and Improving Regulatory Responses*, Yale Journal on Regulation, Vol. 29:23, p. 67(2006).

社会中立组织想要参与进来作为第三方帮助双方进行商谈和调处，但被拜耳公司拒绝。最后历时三年的选址沟通失败。这两起案例也证明了民间组织作为政府、企业和邻避居民之间中坚沟通力量的重要性。[1]

从以上邻避设施选址的案例可以看出，培育共同利益代理人确实能促进选址的成功，也能得到邻避居民的支持，不至于发生冲突而致使选址失败。但是我们也应该看到，在美国社会，私主体权利至上是得到民众肯定的，一直能形成对公主体的有效制约。如美国有很多代表社会公共利益的组织都有一定的议价谈判地位，很受公众的信任，也被政府所支持，还能得到相关部门对其展开的法律援助和开发企业的资金支持。公众认为这类组织能够帮助自身向政府和开发商提出合理意见并满足他们的利益诉求，而政府和开发商认为这类组织能帮助他们得到公众的理解，能和公众有效沟通并促使选址顺利成功，避免发生冲突。

我国与美国的国情不同，长期以来，类似于环保组织、社区委员会这样的私主体没有得到很好的发展，也不能得到民众的信任。社会大众往往把这类组织当成政府的附属品，认为它们不能很好地为群众发声。这就需要我们注重对能成为政府、企业和邻避居民的共同利益代理人的这类私主体的培育，如对环保组织的培育。政府要给予其一定的资金支持、财政补贴或税收优惠政策等资源支持来防范其存在的道德风险，使这类组织能够发展壮大，并在立法中对其约束保证它们的中立性进而获得邻避居民的信任，使它们能在邻避设施选址中更好地发挥共同利益代理人的作用，为易发生冲突的各方主体争取利益，并力争达到使大家都比较满意的结果。

---

〔1〕 汤京平：《邻避性环境冲突管理的制度与策略——以理性选择与交易成本理论分析六轻建厂及拜耳投资案》，载《政治科学论丛》第10期（1999年）。

（二）授权第三方环评

邻避居民之所以和政府、企业发生冲突主要是源于对政府和企业的环保承诺不信任。他们认为邻避设施的负外部性确实会使自身处于环境遭受污染和身体健康受到损害的风险，政府和企业的说法只是为了使邻避项目顺利落地而对公众所述的虚假说辞，因为毕竟环境污染给人造成的危害有时具有潜伏性、长期性和不明显性的特征，就算以后邻避设施运行时给环境造成了损害，侵害了他们的身体健康，也很难找到证据去追究政府和开发企业的责任。而且公众也对开发企业的环境管理水平持怀疑态度，他们不确定企业能不能把环境污染控制在一定限度之内，是否能达到环保标准。比如公众都知道垃圾焚烧温度不够会产生二噁英，而为了减少二噁英的产生，应该保持火焰温度（燃烧室出口温度）在800℃以上，烟气应尽可能快地降温到500℃以下，因为二噁英在800℃至500℃最容易产生。但是究竟垃圾焚烧厂焚烧垃圾的时候是否能达到这个标准，公众并不知晓。

在这种情况下，为使邻避居民对政府和企业的环保承诺予以信任，就需要有一个有专业水平的中立的第三方组织来对邻避设施能否达到环保标准进行准确的评价，对邻避设施的运行管理进行监督，用专业的检测给公众一个真实的结果，这样才会使公众放心这类设施的落地。

第三方专业组织能够被授权对企业的环保状况进行评价和监督是以第三方机构的专业知识为基础的，它是为政府、企业和公众提供环境服务的中立的营利组织。这种社会组织相较政府机关而言，在对建设项目的环评、设施运营的监理和数据的监测方面更具有专业性、低成本性和高效性，是政府作为环境治理的公主体授权给专业环境治理的私主体的一种治理模式。[1] 例如，美国环保署2001年"宾夕法尼亚州第三方审核试点工程"(Third Party Audit Pilot Project In the Commonwealth of Pennsylvania)就尝试引入第三方机构来审核企业化学污染风险管理制度执行情况，实施效果良好。[2]

这种第三方专业组织的作用在于：第一，它有专业的知识背景，有一定的技术水平，具备对企业是否遵从环保标准进行审核或检查的能力，能够给企业提供准确的环保数据，如果企业不达标可以在此基础上进行整改。第二，它能帮助政府了解企业真实的环保状况，给出科学的、准确的专家意见，为政府决定是否对企业要求整改或进行制裁提供参考。第三，它能为公众所信任。因为这类组织不隶属于政府或企业，正常情况下它一般会对企业的环保状况作出准确的判断，使邻避居民获得真实有效的企业环保信息。

在邻避设施选址中，由于第三方专业组织的专业知识背景和中立的特性，政府和企业为了获取邻避居民的信任可以聘请这类组织来对邻避项目能否达到环保标准进行评价，或承诺在邻避设施的运行中由这类组织进行监督。政府和企业通过授予第三方专业组织审核的权利来加强邻避居民的信任以化解冲突。邻避居民也可以向政府和企业提出由第三方专业组织进行评价和监督的要求，根据真实的检测结果来决定是否允许邻避设施的兴建。

值得注意的是，第三方专业组织之所以为邻避居民所信任是

---

[1] 王清军：《自我规制与环境法的实施》，载《西南政法大学学报》2017年第1期。

[2] Howard C. Kunreuther, Patrick J. Mcnulty & Yong Kang, *Improving Environmental Safety Through Third Party Inspection*, Risk Analysis, Vol. 10:5, p. 13 (2011).

由于它具有专业知识背景，能够准确地核查企业的环保状况，这就需要其必须要具备良好的专业能力。所以政府首先要确立一定的认可标准对第三方专业组织的专业能力进行严格把关，实施严格的市场准入，只有专业素质过硬的组织才能进入或保留，而专业水平不过关的组织绝不能被授予审查资质，这也是对邻避居民负责的体现。另外，政府要对第三方专业组织的中立性予以监督，这样就会避免此类组织为获取更多利润而与政府和企业串通制造虚假环保数据，欺骗邻避居民以博取信任。政府要定期对第三方组织实施检查，一旦发现它们有与政府和企业串通勾结等违法情形，必须严惩不贷。

政府在以上两方面对第三方专业组织进行严格的控制，就能确保这类组织的专业性和中立性，为邻避居民对邻避设施可能具有的负外部性作出正确的预判，保证邻避设施后续运行的监督管理，使这类组织能根据它的特性真正有效地发挥出应有的作用，进而化解邻避居民与政府和企业之间的利益冲突。

三、路径之三——补偿方式

补偿方式是实践中有效化解邻避设施选址中利益冲突的重要政策工具，如何公平地对邻避居民予以补偿更是新阶段邻避冲突治理的关键。

由于污染风险型邻避设施和心理排斥型邻避设施虽然有兴建的必要，但是鉴于它的负外部性，几乎所有居民都对其兴建在自己周围持反对态度，易引发邻避居民的抗争行为。补偿一般被认为是容易获得邻避居民信任的有效措施，原因是补偿会使他们获得正向利益而抵销邻避设施的负效应。邻避补偿主要源于经济学的政策思路，我国大部分学者将邻避补偿视为解决邻避问题的重要政策工具。

污染风险型邻避设施和心理排斥型邻避设施选址地的邻避

居民都会认同邻避设施兴建带来的负外部性侵害到他们的环境权,但是这种环境权的侵害是对于不同层面的环境权的侵害,污染风险型邻避设施的兴建主要因设施会造成污染的负外部性使周围环境受损而影响邻避居民的身体健康,属于对邻避居民生存性环境权的侵害;心理排斥型邻避设施的兴建主要是因设施特殊的负外部性使周围环境受损而导致邻避居民心理上的排斥感,属于对邻避居民精神性环境权的侵害。对于邻避居民这两类可能被侵犯的不同层面的环境权,在邻避设施选址中的补偿也应该有所区别。

(一)污染风险型邻避设施选址中对邻避居民的补偿

污染风险型邻避设施选址中对邻避居民的补偿应是主要针对保护邻避居民生存性环境权方面的补偿。因为在污染风险型邻避设施选址中,邻避居民最关心的其实就是因设施污染环境进而会影响自身的健康,如果使邻避居民的可能受损的个体的身体健康得到合理补偿,就会获得他们的同意而使邻避设施得以兴建。每个人因身体健康造成的损害必然是特定的损害,这种补偿应该属于针对邻避居民环境私益的补偿。

我们应从污染风险型邻避设施选址中对邻避居民的这类私益性补偿之适用领域、补偿范围和补偿方式三个方面作出分析。

1.适用领域

污染风险型邻避设施选址中对邻避居民的私益性补偿之适用领域应该是邻避居民个体可能受到损害的身体健康。对于邻避设施选址中利益冲突化解的私益性补偿而言,一定是与邻避居民个体的损害相对应的。因为邻避设施兴建带来的负外部性使邻避居民具体的个体环境私益受到侵害,所以才应该针对邻避居民个体进行私益性补偿,也才会使邻避居民愿意接受邻避设施兴建在自己居住地附近。

这种在污染风险型邻避设施选址中对邻避居民的私益性补

偿也一定是对邻避居民个体的身体健康受损害而获得的补偿。对于污染风险型邻避设施而言,其产生的最大的负外部性就是设施兴建中排放的污染物对环境造成污染而会损害到邻避居民的身体健康。这种身体健康的损害关乎到人生命的正常延续,最使邻避居民所不能接受。生存性环境权与人的身体健康密切相关,是公民环境权的最低层次,也是环境权不被侵害的最低限度。对于环境污染造成人身体健康的损害也就意味着对公民生存性环境权的侵害。所以在污染风险型邻避设施选址中对邻避居民的私益性补偿应主要针对邻避居民可能受损的身体健康来补偿。

2. 补偿范围

污染风险型邻避设施选址中对邻避居民的私益性补偿之补偿范围是针对补偿对象的范围而言的。既然这类设施的兴建会对周围居民产生身体健康的损害,那么就应给这些可能受到损害的邻避居民以补偿来抵消这种不平衡感,进而获取他们邻避项目兴建的支持。而把多大范围内的邻避居民定位为应受补偿的居民是污染风险型邻避设施选址中利益冲突化解的私益性补偿的关键问题,因为邻避居民指的是受邻避设施负外部性影响范围内的居民,但不一定会被确定为受补偿的居民。

在我国法律中,受邻避设施影响而获得补偿的居民范围是根据建设项目环境影响评价中的范围而确定的。环境影响评价是指有资质的环境影响评价机构对规划和建设项目实施后可能造成的环境影响进行分析、预测和评估的制度,它是规划和建设项目能够获得政府部门审批的必要条件。邻避项目环境影响评价中的范围就是经对建设项目兴建后可能对周围造成影响的分析、预测和评估后而确定的环境质量受到一定影响的范围。在这个范围内的居民一般被确定为法律中予以保护的应受补偿的居民。

但是在污染风险型邻避设施的选址中,时常会出现设施周围的部分居民认为自己受到了设施负外部性的影响应该获得补偿,但是他们在设施项目的环境影响评价中没有被划到环评范围里因而却得不到补偿的情形。这就需要环境影响评价机构对环境影响评价范围的合理性作出正确划定,政府有关部门也要进行合法审批,避免出现有些邻避居民确实也受到了设施负外部性的影响但是无法获得补偿的不公平现象出现。2019 年 1 月实施的《环评公众参与办法》第 5 条对环评公众参与的范围已作出了鼓励建设单位听取环境影响评价范围之外的公民、法人和其他组织的意见的规定。这一条款也为污染风险型邻避设施选址中对邻避居民的私益性补偿之适用范围的扩大提供了可能。

3. 补偿方式

污染风险型邻避设施选址中对邻避居民的私益性补偿之补偿方式是指以何种方式方法来对环评中确定范围的邻避居民作出补偿,可以有现金补偿和非现金补偿两种方式。

污染风险型邻避设施选址中对邻避居民的现金补偿方式又被称为“货币补偿”,在西方也被称作“后院福利金”,曾被西方国家早期解决邻避困境时采用。其理论根据在于用带来正外部性的补偿利益中和邻避设施对附近居民产生的负外部性,实现成本与效益的均衡。从经济学角度来讲,理性的经济人在被给予足够吸引力的补偿时,会减轻对邻避设施兴建的抵触心理,作出同意邻避设施兴建在自己周围的选择。[1]

实践证明,现金补偿只要达到令民众满意的程度,就能产生积极效果。但是在我国污染风险型邻避设施选址的补偿实践中,现金补偿一般在较低污染风险的邻避设施选址中比较有效,在高污染风险的邻避设施选址中往往寸步难行。学者王奎明曾带领

---

〔1〕 闫映全:《基础设施捆绑建设:解决邻避困境的新选择》,载《西部法学评论》2016 年第 4 期。

团队做过民意调查,[1]如表4.1所示:

表4.1　民众对经济补偿的态度

民众心态	给多少经济补偿都不同意	视设施污染程度而定	足够经济补偿可同意兴建	多少经济补偿都同意
百分比	51.3%	40.9%	6%	1.8%

由表4.1数据可以看出,有过半数的公民对以经济补偿方式换取高污染风险的邻避设施兴建的做法坚决反对,因为他们认为生命健康是不能用金钱来换取的,也有少半数的公民对经济补偿持中立态度,如果兴建企业不具备减少或消除污染的技术能力,他们才予以坚决抵制;反之他们也比较认同经济补偿具有缓解邻避居民不平衡心理的作用。这些结果说明随着民众生活水平的提高,人们对生活质量有了更高的追求,金钱在弥补人们心理不平衡感和不安全感方面很少能起到作用。此外,在道德层面,经济补偿往往被看作不符合环境正义的表现,因为经济落后地区的居民由于生活困难常会倾向于接受经济补偿,以牺牲环境权的方式来获取短期的经济收益。[2] 最后,污染风险型邻避设施选址困境具有特殊性。由于民众对政府缺乏信任,政府给予民众现金补偿被视为对邻避设施风险的默认,而且现金补偿往往难以对环境容量予以量化和确定健康受损居民的补偿范围。因此,现金补偿虽可以在我国污染风险型邻避设施选址中施行,但是也不适宜大范围采用。

污染风险型邻避设施选址中对邻避居民的非现金补偿方式一般在实践中包括公共设施的提供、医疗保健服务、房地产价格的保

〔1〕 王奎明、钟杨:《"中国式"邻避运动核心议题探析——基于民意视角》,载《上海交通大学学报(哲学社会科学版)》2014年第1期。

〔2〕 刘冰:《复合型邻避补偿政策框架建构及运作机制研究》,载《中国行政管理》2019年第2期。

证、就业的提供和小区环境改善等。[1] 我国台湾地区学者丘昌泰曾列举了多种邻避设施选址的非现金补偿方式，包括给予税收减免、财产保值、社区活动基金、个人福利险以及兴建基础设施等。[2] 如我国台湾地区中油厂曾通过设立“回馈后劲地区建设基金”的方式与后劲居民达成协议以兴建设施。这种回馈基金含有十项公益设施兴建和基本支出的费用，如兴建图书馆、游泳池、开设六米以下巷道、学校设备补助、医疗保健补助、用水和用电的费用等。这些都是非现金补偿方式，取得了良好效果。[3]

从某种程度上来讲，非现金补偿方式在缓解政府现金补偿可能会导致资金短缺方面能起到关键作用，类似于“以其他方式支付现金”，是现金补偿方式的拓展，能对现金补偿的缺陷予以弥补。而且这种非现金方式的补偿思路是以前置性的补偿思路为主，而非补救型的决策模式。比如在建设垃圾焚烧站之前或同时在周边兴建生态公园；在化工厂附近兴建工业园区以增加当地民众的就业机会；政府财政对有利于当地经济发展和民生的项目设立环境改善方面的专项基金等。[4]

这些非现金的补偿方式都是在我国污染风险型邻避设施选址中利益冲突化解的补偿实践中取得良好效果的补偿方式，主要是在少数人负担风险同时也获得收益来实现社会公平的前提下给邻避居民自由选择在其附近建或不建污染风险型邻避设施的权利，

---

〔1〕 陶鹏、童星：《邻避型群体性事件及其治理》，载《南京社会科学》2010年第8期。

〔2〕 Chang - Tay Chiou, Joanna Lee & Tung Fung, *Negotiated Compensation for NIMAY Facilities*: *Siting of Incinerators in Taiwan*, Asian Geographer, Vol. 28:2, p. 108(2011).

〔3〕 董幼鸿：《“邻避冲突”理论及其对邻避型群体性事件治理的启示》，载《上海行政学院学报》2013年第2期。

〔4〕 刘冰：《复合型邻避补偿政策框架建构及运作机制研究》，载《中国行政管理》2019年第2期。

能对污染风险型邻避设施的邻避居民环境权的保护和主体间利益冲突的化解起到良好的积极作用。

（二）心理排斥型邻避设施选址中对邻避居民的补偿

对于心理排斥型邻避设施选址中邻避居民的补偿应该是针对保护邻避居民精神性环境权方面的补偿。在心理排斥型邻避设施选址中，邻避居民最担忧的问题就是设施会让他们心理上感到排斥，这种排斥感具体而言就是心理上对于有形物和无形物而产生的安全方面的恐惧感。为促使这些设施附近的邻避居民同意此类设施的兴建，就需要使邻避居民的社会环境得到具体改善，也就是要保护邻避居民精神性的环境权。那么针对此类设施的邻避居民的补偿就应该是以改善设施影响的周围社会环境为目的的补偿，属于对环境公益的补偿。

我们应从心理排斥型邻避设施选址中对邻避居民的公益性补偿之适用领域和补偿方式两个方面来进行分析。

1. 适用领域

心理排斥型邻避设施选址中对邻避居民的公益性补偿之适用领域主要应为可能受到此类设施不利影响的社会环境。

《宪法》第 26 条规定国家有保护、改善生活环境和生态环境，防治污染和其他公害的义务。2015 年施行的《环境保护法》也规定因污染环境和破坏生态造成损害的个人和组织，应当依照《侵权责任法》的规定承担侵权责任。[1] 宪法和法律上的规定都证明公民享有良好环境不受侵害的权利。所以由于受心理排斥型邻避设施负外部性影响的邻避居民对环评确定的范围内的环境享有环境公益，当此类设施选址在他们周围而可能使他们的利益受到损害时，就应该对其予以补偿。

---

〔1〕《侵权责任法》于 2021 年 1 月 1 日失效，相关规定可参见《民法典》侵权责任编。

公益性补偿适用领域的关键问题是我们需要对这个“环境”予以定位以针对其作出补偿。环境大体上可分为自然环境与社会环境两类,前者为后者基础,后者是前者发展的结果。自然环境由自然界各种生物和自然要素构成,是一切生命赖以生存的基础。而社会环境指的是人类社会的经济环境、政治环境、法治环境和文化环境等社会因素之总和。因为心理排斥型邻避设施产生的负外部性是针对周围社会环境而言的,比如殡仪馆、公墓、戒毒所和精神病院的兴建会使这些设施周围居民所居住的社会环境大打折扣,造成他们心理上的不舒适感,会损害他们在精神方面的环境利益,进而侵犯到他们的环境权。

所以,心理排斥型设施选址中对邻避居民的公益性补偿之适用领域就应该是受到设施负外部性影响的社会环境。

2. 补偿方式

心理排斥型邻避设施选址中对邻避居民的公益性补偿方式一定要能够实现改善受设施负外部性影响范围内的社会环境的目的。比如像殡仪馆、公墓这样的不宁适型公共设施既然使人心理不舒适,但如果能与兴建地的其他设施和整体环境相协调就会减轻人的不舒适感,就不会让人太排斥而引起政府与周围民众的冲突。像戒毒所、精神病院之类的污名化型公共设施如果能建在能使人获得安全感的设施附近或伴随兴建能给群众带来安全感的设施也会降低人们心理上的排斥感而避免冲突的发生。

对不宁适型公共设施的补偿应主要体现在降低设施整体效果给邻避居民带来的不宁适感方面。比如在西方,民众较为接受与公墓为邻,很多公墓都建在教堂里或公园、花园附近,建得也像普通房子一样。这样的地方环境优美而且非常安静,设施也修建得具有人性化,不会让人产生不舒适感,而且民众可以随时去看望和悼念逝去的亲人。政府在对不宁适型公共设施进行选址时可以向西方国家学习,把此类设施外表修建得更具人性化,建在环境适宜之处,减轻人们的恐惧感和不舒适感。民众在这样比较庄严肃穆和环境优美的地方去告别亲人和祭奠亲人才会倍感欣慰,而且也因考虑到自己的已故亲人住在这样风水好的地方心里才会觉得舒畅,因为他们普遍认为亲人能够在此通往极乐世界。

还有需要注意的是,我国是多民族的国家,政府在民族聚居区兴建这类不宁适型设施时要经当地居民同意,不能侵犯其正常的宗教信仰,在此基础上可以同时兴建有利于他们生活需要的设施,使他们接受这类不宁适型公共设施的兴建。而且政府要根据这类设施的特点选择合适的兴建地,要远离城市闹市区,尤其要远离学校、幼儿园等儿童众多的地方,避免让人产生心理不舒适感和让更多的人处于污染风险的威胁之中,要以人烟稀少的城郊荒地作为首选。这也是考虑到公众的传统习俗和社会心理,提高附近民众的接受程度,不至于发生政府、企业与民众之间的利益冲突。

对于污名化型邻避设施而言,由于这类设施是为保护特殊群体而兴建,而这些特殊群体对社会而言,具有一定的危险性,易给周围的民众造成伤害而引起恐慌,怕对他们的人身财产安全造成损害。如果政府能提供给民众这种安全保障,他们就会减轻对于这类公共设施的心理排斥感,就容易接受这类设施建在自己的居住地附近。所以政府如果在对污名化型公共设施进行选址时应在这类设施旁边设置公安机关或靠近公安机关兴建来保障邻避居民的人身财产安全,这样就会消弭因污名化型公共设施兴建带给他们的心理厌恶感。因为一旦这些特殊群体跑出来对群众造成危害时他们能及时得到公安机关的救助,防止危害的发生。这样邻避居民就不会太过反对这类设施建在居住地附近以致引起政府与他们的冲突。

四、路径之四——司法救济方式

一个国家社会秩序的安定必然需要内部有为权利受到侵害的

社会公众和组织提供救济的国家机关,即公民、法人或其他组织的合法权利受到侵害时能要求国家机关予以解决和补救,而国家机关也必须受理并作出合法的公正的裁决。

从立法层面来看,在我国缺乏对邻避设施选址进行规制的法律法规,只有一些涉及邻避设施的技术标准等法律位阶较低的规定,难以满足当前邻避治理的法律需求。这样就会导致公民面对邻避设施选址可能带来的风险或危害时无法可依,政府的选址决策也会因缺乏法律的约束易导致行政主体权力的滥用和对公民权利的侵犯。

在这种情况下,公民对于邻避设施选址可能对自身权利的侵害必须要向国家机关寻求救济。司法救济方式作为公民权利保护的最后一道防线,具有法律制裁的性质,不仅能有力地保护邻避设施选址中邻避居民的环境权,也对于行政机关在邻避设施选址中权力的行使起到很好的监督与制约的作用。

污染风险型邻避设施和心理排斥型邻避设施中邻避居民的环境权有区别,所以我们需要对这两类设施中邻避居民的环境权能否得到司法救济进行分析。

(一)污染风险型邻避设施选址中邻避居民环境权的司法救济途径

对污染风险型邻避设施选址中邻避居民的环境权进行司法救济,必须要看当污染风险型邻避设施选址中邻避居民的环境权被侵犯时是否有救济的法律基础,再对污染风险型邻避设施选址中邻避居民环境权的司法救济途径展开研究。

对于邻避居民以健康为核心的环境利益诉求在法律实践中存在与其相呼应的权利范畴。我国《民法典》第 110 条明确规定了自然人的健康权,而且还把其放在了自然人民事权利束的重要位置。法律意义上的健康权是公民依法享有的身体健康不受非法侵害的权利,不是指身体健康的权利。自然人享有健康权,就要求政府必须创造条件使人人能够尽可能健康。那么我们可以推定出政府应该确保公民有在良好环境中生存并且健康不受侵害的权利。

因此，污染风险型邻避设施选址中邻避居民以健康为核心的环境利益诉求的权利基础已经在法律中有明确表述，以这种规定为前提所形成的环境对人体损害的预期具有合法性和合理性。

在环境法的理论与实践中，一般把环境质量标准看作环境损害是否会导致人体健康影响的判断依据。但就当下我国环境质量标准的制定和实施的基本情况来看，环境质量标准中经济的考量往往占很大的比重，应有的健康内涵并未得到体现，没有发挥出保障公众身体健康的应有作用。国家出台的一些环境质量标准条例都存在较明显的经济效益诉求，因此应着力解决环境质量标准制度中健康内涵的缺失问题。目前在环境质量标准没有对健康问题得以回应的条件下应先继续坚持以环境基准作为环境质量标准的底线。

对于污染风险型邻避设施的选址可能会污染环境进而侵害邻避居民身体健康的情形，环境公益诉讼不失为一种好的保护公众环境权的司法救济途径，这种诉讼方式也有民事和行政之分。2015 年施行的《环境保护法》第 58 条规定能提起环境民事公益诉讼的主体必须是依法登记的具备一定条件的环保组织。相关司法解释中规定了人民检察院可以作为环境行政公益诉讼的主体。〔1〕我们通过这些法律法规可以看出，具备合法条件的社会环保组织才可以对因污染环境而损害邻避居民身体健康的侵犯邻避居民环境权的行为提起环境民事公益诉讼。而对于政府有关部门在生态

〔1〕《最高人民法院、最高人民检察院关于检察公益诉讼案件适用法律若干问题的解释》第 21 条（2018 年 2 月 23 日最高人民法院审判委员会第 1734 次会议、2018 年 2 月 11 日最高人民检察院第十二届检察委员会第 73 次会议通过，根据 2020 年 12 月 23 日最高人民法院审判委员会第 1823 次会议、2020 年 12 月 28 日最高人民检察院第十三届检察委员会第 58 次会议修正）。

环境和资源保护方面违法行使职权或者不作为致使公众环境利益受到侵害的情形,人民检察院也是可以提起环境行政公益诉讼的。这样在污染风险型邻避设施中的邻避居民以健康为核心诉求的环境权方面就有了法律保障。

污染风险型邻避设施选址中的邻避居民在针对环境健康损害的司法救济中,由于这种环境健康损害的救济与一般健康损害的救济有很大不同,所以在司法机关对其救济时要注意确定健康可能受到环境侵害的邻避居民涵盖的范围。

因邻避设施兴建会致使一定范围内的群体健康受损,而且这种损害还可能存在一定程度上的扩张,所以邻避居民涵盖的范围会呈现出不确定的特点。在具体实践中有关部门一般会按照某鉴定机构的要求或者人为地划定邻避居民的地域范围。这样做虽然简化了确定邻避居民范围的过程,但是违反了政府行使权力的正当程序,可能会侵害到某些虽然也可能受到环境健康损害但没有被划定到邻避居民范围内的居民的合法权益。

对于此类问题的出现,应通过司法机关针对地方环境质量标准审查的方式来保障更多可能会因邻避设施的污染受到健康损害的邻避居民的环境权。污染风险型邻避设施选址中的邻避居民可以针对因设施选址中政府的违法行使职权或不作为可能会对生态环境产生破坏的情形向有关环境管理部门举报,如果这些部门不履行职责,他们有权向其上级机关或者监察机关举报。人民检察院也可以通过提起环境行政公益诉讼来保护污染风险型邻避设施选址中邻避居民的环境权。

此外,政府的城乡规划对于污染风险型邻避设施的选址至关重要。因为如果选址适当就可能不会引发居民与政府、企业的冲突,这就需要政府所作的城乡规划必须经过严格的环评。值得注意的是,目前我国的《环境影响评价法》中虽然将规划纳入了环境影响评价范围,但对于可能严重影响环境质量和侵害公民环境权的政府重大政策、决策、法规和措施等仍无法成为环境影响评价对象。而在实践中政府的这些抽象行政行为确实可能会使污染风险型邻避设施选址中邻避居民的环境权受到侵害，期待我国在以后的立法修改中能对此予以回应。

（二）心理排斥型邻避设施选址中邻避居民环境权的司法救济探讨

心理排斥型邻避设施选址中邻避居民受侵犯的环境权隶属于精神层面，它不同于污染风险型邻避设施选址中邻避居民受侵犯的生存性环境权那样具体，所以对心理排斥型邻避设施选址中邻避居民的环境权能否进行司法救济，要看我国法律对于心理排斥型邻避设施中邻避居民的精神性环境权有无回应以及保护的可能，再对心理排斥型邻避设施选址中邻避居民被侵犯的这种精神性环境权能否得到司法救济进行探讨。

人类对环境的物质需求和人对环境的精神需求都是人生存质量的组成部分。从古至今，人们对环境在精神层面的需求都一直存在，只不过在人类社会初期生产力水平极其低下，大多数人对环境在物质层面的需求还不能得到满足，只有少数物质财富积累到一定程度的上层阶级才会享有精神层面的环境需求，所以大家对这种精神需求还无法达成共识。

随着社会的不断发展，人类的生产生活水平都有了较大提高，社会公众对理想生活的向往和更高精神境界的追求不断增长，他们对环境的需求已经不止步于健康需求，而是拓展到精神性的舒适感和审美需求方面。[1] 中外学者们从社会现实发展中普遍认为公众对精神层面的环境利益诉求已经成为一种普遍的社会心理预期，在心理排斥型邻避设施选址中邻避居民提出精神层面的环境

---

〔1〕 张璐：《邻避冲突中公众环境权利保护的法律逻辑与路径选择》，载《江西社会科学》2016 年第 12 期。

利益诉求也有予以权利化的社会现实基础。

迄今为止,我国的司法实践中对以精神层面需求为核心的环境权益并未在权利体系中出现,但在我国立法实践中却有相关回应。如《民法典》中认定对造成严重精神损害的人身权益可以请求精神损害赔偿;[1]最高人民法院在2001年出台并于2020年修正的关于民事侵权精神损害赔偿责任的司法解释中把“因人身权益或具有人身意义的特定物受到侵害”列为精神损害赔偿的可诉对象。[2] 我们可以看出法律肯定了精神利益受损的可诉性,而且逐渐对新出现的具有保护正当性和必要性的人格利益有予以法律保护的趋势,适应了时代的发展,也体现了法律的预见性。

我们经对精神性环境权的分析可知,精神性环境权属于环境权中的高级层次,它能体现社会公众在精神层面对环境利益的需求,所以其一定属于人格利益。由此可见,虽然立法中没有明确精神性环境权的可诉性,但前述法律规定也可以作为精神性环境权成立的法律基础,从相关立法条文中能推断出其应该而且可以受到法律的保护,那对于将心理排斥型邻避设施选址中邻避居民的精神性环境权纳入司法保护环节也应顺理成章,至少可以为法官在具体个案的裁判中提供可参考的法律资源,促使其作出能使社会公众信服的具有正当性的裁判。[3] 所以司法机关在面对以精神性环境权被侵害而提起的诉讼中应当受理并据此进行裁量。

一般来讲,法官的裁量权包括严格依照法律的依法裁量权和法律授权范围内的自由裁量权。依法裁量权行使的前提是国家法律中必须有与案件事实相关的明确法律条款,而自由裁量权是当

---

〔1〕《民法典》第1183条。

〔2〕《最高人民法院关于确定民事侵权精神损害赔偿责任若干问题的解释》(法释〔2020〕17号)第1条。

〔3〕张璐:《邻避冲突中公众环境权利保护的法律逻辑与路径选择》,载《江西社会科学》2016年第12期。

现行法律中没有与案件事实相关的明确法律条款出现时，法官拥有的在具体的司法实践中根据法律体系中的价值和法律原则自行判断和选择的权力。所以，当法律对某些问题没有明确规定时就需要法官行使其拥有的自由裁量权。美国大法官亚狄瑟在《法律的逻辑》一书中认为："法官必须在没有现成的法律规则或原则可选的情形下自行制定法律规则。在这种情况下，规则的制定必须得到具有说服力的理由的支持。法官应根据整体的法律体系和伦理、道德、社会、政治或经济观念等诉诸法律之外的标准作出某种价值判断，而且应依照合乎法律规范逻辑的方式加以适用。"〔1〕

因此，在心理排斥型邻避设施选址中邻避居民要求对精神性环境权予以保护个案的司法过程中，法官应结合具体情况运用自由裁量权，不仅对法律资源中的蕴含价值进行取舍，还需要结合已有法律规范的逻辑予以适用，再决定是否肯定其利益诉求的正当性与合法性。这不仅是法官的职责，也符合环境保护在公众精神利益层面的关怀和法律中欲提高公众环境权益保护水平的新型发展趋势。

---

〔1〕［美］鲁格罗·亚狄瑟：《法律的逻辑》，唐欣伟译，法律出版社2007年版，第23－26页。

结　论

邻避设施选址冲突近些年在我国的不断发生,已经成为社会所关注的重要现实问题。所以学术界对此不能回避,必须要找到问题的症结所在并提出有效的解决办法。以往其他学科在对邻避设施如何有效选址以避免冲突方面做了大量的研究,但是在法学方面关注较少。邻避设施选址冲突与人们对美好环境的需要息息相关,我们必须要从环境法的角度对此问题作出较深入的研究,真正地发挥出法律的指引和规范作用。

本书基于这一学术关怀,先对不同邻避设施的特点予以区分,再本着维护邻避居民环境利益的原则选择公民环境权作为研究视角,从邻避设施选址冲突中涉及的主体利益入手,对不同种类邻避设施中的利益冲突的生成原因和表现形态作出详细分析,指出邻避设施选址冲突发生的根源所在。由于邻避设施选址中主体的利益冲突都是正当利益之间的冲突,即都是值得法律保护的利益,因此引入了利益权衡理论来对不同邻避设施选址中主体间的正当利益冲突作出权衡。又因为不同邻避设施因性质不同,导致权衡邻避设施选址中利益冲突的引发因素也有很多不同之处,所以对这些个性因素的差别也作了细致的探究。考虑到邻避设施选址中主体间利益冲突的化解是本文的关键,也是研究的目的所在,而法律上的化解就是通过安排主体间的权利和义务来对主体的利益进行确认、平衡和保障,所以对邻避设施选址中主体的权责进行了合理配置,构思出邻避设施选址中利益冲突化解的具体路径,这样就能在平衡多主体利益的基础上最大限度地保护邻避居民的环境权,化解邻避设施选址中的利益冲突,进而维护社会的安全与稳定。

至此,本书对邻避设施选址中利益冲突的权衡与化解研究已进入尾声。可以肯定的是,本书的理论研究可以为邻避居民维护自身的环境权益和不同邻避设施选址冲突的解决建立理性基础,为环境法学在邻避设施选址冲突的研究方面新添一笔绿色,这也是本书具有的最重要的学术价值和学术关怀。但是必须予以承认的是,虽然本书较具创新性地采取对不同种类邻避设施主体间的利益冲突进行分析的方式进行研究,并在此基础上阐述了不同主体的权责配置,但囿于学识和功力有限,在理论证成和学术深度方面还有待完善,有待进一步开展深入研究。

自从我国实行改革开放以来,社会经济体制的转型使得国家经济飞速发展,但自然资源是有限的,生态环境在此过程中受到了破坏,导致公民环境利益受损,多主体之间的利益无法均衡。邻避设施选址冲突其实就是这种不利后果的体现。这就促使我们在强调人与环境间的相互促进与相互依存基础上构建具有中国特色和本土特质的环境保护和治理的社会体制,促使法律的绿色变革。因为法律的变革是与当前中国的社会结构结合在一起的,这也就意味着法律所扮演的角色就是要推进当下中国对现有的利益格局和主体角色的全面改造和重新构建。邻避设施选址冲突的化解需要平衡多主体之间的利益,也需要多方主体的共同努力,这样才能实现经济、环境与社会的可持续发展和人与大自然的和谐共处,才能有助于实现环境治理的现代化,有助于社会主体共享生态文明发展的成果与价值,以更好地实现人的全面发展。

笔者希望本书的研究能够从一个全新的角度促使众多学者去思考实体意义上环境权的建立问题,也希望本书能使国家在经济发展与环境治理建设中更关注相对处于弱势的邻避居民的权益保护问题,因为它关乎社会正义的实现和社会秩序的稳定。为推进我国以可持续发展为理念的生态文明建设,为实现中华民族绿水青山的美丽中国梦,希冀本书能起到抛砖引玉之效,促进我国环境治理体制的完善。

参考文献

一、中文文献

(一)中文著作及译著

1. 蔡守秋主编:《环境法学教程》,科学出版社2003年版。

2. 曹明德:《生态法原理》,人民出版社2002年版。

3. 陈启伟主编:《现代西方哲学论著选读》,北京大学出版社1992年版。

4. 陈泉生等:《环境法哲学》,中国法制出版社2012年版。

5. 陈泉生、张梓太:《宪法与行政法的生态化》,法律出版社2001年版。

6. 陈新民:《德国公法学基础理论》,山东人民出版社2001年版。

7. 陈泽亚:《经济人与经济制度正义:从政治伦理视角探析》,山东人民出版社2007年版。

8. 戴茂堂、江畅:《传统价值观念与当代中国》,湖北人民出版社2001年版。

9. 杜健勋:《环境利益分配法理研究》,中国环境出版社 2013 年版。

10. 鄂振辉:《自然法学》,法律出版社 2005 年版。

11. 冯嘉:《环境法原则论》,中国政法大学出版社 2012 年版。

12. 付子堂:《法律功能论》,中国政法大学出版社 1999 年版。

13. 巩固:《环境伦理学的法学批判:对中国环境法学研究路径的思考》,法律出版社 2015 年版。

14. 谷春德主编:《西方法律思想史》(第 2 版),中国人民大学出版社 2006 年版。

15. 胡静:《环境法的正当性与制度选择》,知识产权出版社 2009 年版。

16. 姜明安主编:《行政法与行政诉讼法》,北京大学出版社、高等教育出版社 1999 年版。

17. 柯坚:《环境法的生态实践理性原理》,中国社会科学出版社 2012 年版。

18. 廖红、[美]克里斯·郎革编著:《美国环境管理的历史与发展》,中国环境科学出版社 2006 年版。

19. 李明华、李可等:《可持续发展与环境法学方法论》,吉林人民出版社 2005 年版。

20. 刘士国:《科学的自然法观与民法解释》,复旦大学出版社 2011 年版。

21. 罗豪才、毕洪海编:《行政法的新视野》,商务印书馆 2011 年版。

22. 吕世伦:《法理的积淀与变迁》,法律出版社 2001 年版。

23. 吕忠梅:《环境法新视野》,中国政法大学出版社 2000 年版。

24. 吕忠梅:《环境法学》,法律出版社 2004 年版。

25. 吕忠梅主编:《环境法学概要》,法律出版社 2016 年版。

26. 孟庆涛:《环境权及其诉讼救济》,法律出版社 2014 年版。

27. 穆治霖:《环境立法利益论》,武汉大学出版社 2017 年版。

28. 沈宗灵:《现代西方法理学》,北京大学出版社 1992 年版。

29. 世界环境与发展委员会:《我们共同的未来》,王之佳等译,夏堃堡校,吉林人民出版社 1997 年版。

30. 孙国华主编:《法理学》,法律出版社 1995 年版。

31. 孙文恺:《社会学法学》,法律出版社 2005 年版。

32. 谭培文:《马克思主义的利益理论:当代历史唯物主义的重构》,人民出版社 2002 年版。

33. 汪劲:《环境法学》,北京大学出版社 2006 年版。

34. 汪劲:《环境法律的解释:问题与方法》,人民法院出版社 2006 年版。

35. 王树义等:《环境法前沿问题研究》,科学出版社 2012 年版。

36. 王伟光:《利益论》,中国社会科学出版社 2010 年版。

37. 谢在全:《民法物权论》,中国政法大学出版社 2011 年版。

38. 严法善、刘会齐:《环境利益论》,复旦大学出版社 2010 年版。

39. 俞可平主编:《治理与善治》,社会科学文献出版社 2000 年版。

40. 张国庆:《现代公共政策导论》,北京大学出版社 1997 年版。

41. 张文显主编:《法理学》(第 4 版),高等教育出版社、北京大学出版社 2011 年版。

42. 张文显:《法哲学范畴研究》(修订版),中国政法大学出版社 2001 年版。

43. 张玉堂:《利益论:关于利益冲突与协调问题的研究》,武汉大学出版社 2001 年版。

44. 曾祥华等:《立法过程中的利益平衡》,知识产权出版社

2011 年版。

45. 周训芳:《环境权论》,法律出版社 2003 年版。

46. 卓泽渊:《法的价值论》,法律出版社 1999 年版。

47.《马克思恩格斯选集》(第 1、3、4 卷),中共中央马克思恩格斯列宁斯大林著作编译局编译,人民出版社 1995 年版。

48.《马克思恩格斯全集》(第 42 卷),中共中央马克思恩格斯列宁斯大林著作编译局编译,人民出版社 1979 年版。

49. [意]托马斯·阿奎纳:《阿奎那政治著作选》,马清槐译,商务印书馆 1963 年版。

50. [捷]奥塔·锡克:《经济—利益—政治》,王福民等译,中国社会科学出版社 1984 年版。

51. [美]本杰明·卡多佐:《司法过程的性质》,苏力译,商务印书馆 1998 年版。

52. [英]彼得·斯坦、约翰·香德:《西方社会的法的价值》,王献平译,郑成思校,中国人民公安大学出版社 1990 年版。

53. [美]彼得·S. 温茨:《环境正义论》,朱丹琼、宋玉波译,上海人民出版社 2007 年版。

54. [英]边沁:《道德与立法原理导论》,商务印书馆 2000 年版。

55. [美]E. 博登海默:《法理学:法律哲学与法律方法》,邓正来译,中国政法大学出版社 2017 年版。

56. [美]理查德·A. 波斯纳:《法律的经济分析》,蒋兆康译,中国大百科全书出版社 1997 年版。

57. [日]川岛武宜:《现代化与法》,申政武等译,中国政法大学出版社 1994 年版。

58. [英]弗里德利希·冯·哈耶克:《法律、立法与自由》(第 2、3 卷),邓正来等译,中国大百科全书出版社 2000 年版。

59. [德]尤尔根·哈贝马斯:《在事实与规范之间》,童世骏译,三联书店 2003 年版。

60. [英]哈特:《法律的概念》,张文显等译,中国大百科全书出版社 1996 年版。

61. [日]黑川哲志:《环境行政的法理与方法》,肖军译,中国法制出版社 2008 年版。

62. [法]霍尔巴赫:《自然的体系》,管士滨译,商务印书馆 1964 年版。

63. [德]卡尔·拉伦茨:《法学方法论》,陈爱娥译,台北,五南图书出版公司 1999 年版。

64. [美]约翰·罗尔斯:《正义论》,何怀宏等译,中国社会科学出版社 1988 年版。

65. [美]罗洛·梅:《焦虑的意义》,朱侃如译,广西师范大学出版社 2010 年版。

66. [美]罗斯科·庞德:《通过法律的社会控制》,沈宗灵译,商务印书馆 1984 年版。

67. [英]洛克:《政府论》,叶启芳、瞿菊农译,商务印书馆 1964 年版。

68. [美]鲁格罗·亚狄瑟:《法律的逻辑》,唐欣伟译,法律出版社 2007 年版。

69. [法]卢梭:《社会契约论》,何兆武译,商务印书馆 2003 年版。

70. [美]马斯洛:《马斯洛的人本哲学》,成明编译,九州出版社 2003 年版。

71. [法]孟德斯鸠:《论法的精神》,张雁深译,商务印书馆 1961 年版。

72. [德]乌尔里希·贝克:《风险社会》,何博闻译,译林出版社 2004 年版。

73. [德]乌尔里希·克卢格:《法律逻辑》,雷磊译,法律出版社

2016 年版。

74. [古罗马]西塞罗:《国家篇·法律篇》,沈叔平、苏力译,商务印书馆 1999 年版。

75. [古希腊]修昔底德:《伯罗奔尼撒战争史》,谢德风译,商务印书馆 1978 年版。

76. [古希腊]亚里士多德:《政治学》,吴寿彭译,商务印书馆 1965 年版。

77. [德]鲁道夫·冯·耶林:《为权利而斗争》,胡宝海译,中国法制出版社 2004 年版。

78. [德]伊曼努尔·康德:《实践理性批判》,邓晓芒译,杨祖陶校,人民出版社 2004 年版。

79. [日]原田尚彦:《环境法》,于敏译,法律出版社 1999 年版。

80. [英]约翰·密尔:《论自由》,许宝骙译,商务印书馆 1986 年版。

(二)中文期刊

81. 蔡守秋:《论公众共用物的法律保护》,载《河北法学》2012 年第 4 期。

82. 蔡武进:《行政治理视野下的行政协商》,载《北方法学》2014 年第 3 期。

83. 曹明德:《环境公平和环境权》,载《湖南社会科学》2017 年第 1 期。

84. 陈宝胜:《公共政策过程中的邻避冲突及其治理》,载《学海》2012 年第 5 期。

85. 陈宝胜:《多元协作型治理模式治理邻避冲突》,载《学术界》2012 年第 10 期。

86. 陈宝胜:《国外邻避冲突研究的历史、现状与启示》,载《安徽师范大学学报(人文社会科学版)》2013 年第 2 期。

87. 陈宝胜:《邻避冲突基本理论的反思与重构》,载《西南民族大学学报(人文社会科学版)》2013 年第 6 期。

88. 陈宝胜:《邻避冲突治理的地方政府行为逻辑》,载《中国行政管理》2018 年第 8 期。

89. 陈国栋:《自然资源公平分配与分享视角下的环境权——基于哈尔滨小岭水泥公司诉环保部案的思考》,载《北京行政学院学报》2018 年第 2 期。

90. 陈红霞、邢普耀:《邻避冲突中公众参与问题研究的中外比较:演进过程、分析逻辑与破解路径》,载《中国行政管理》2019 年第 9 期。

91. 陈丽君、金铭:《风险认知视角下的邻避冲突整体性分析框架》,载《甘肃行政学院学报》2019 年第 1 期。

92. 陈泉生:《环境时代与宪法环境权的创设》,载《福州大学学报(哲学社会科学版)》2001 年第 4 期。

93. 邓集文:《中国城市环境邻避风险治理的转型》,载《湖南社会科学》2019 年第 3 期。

94. 董幼鸿:《"邻避冲突"理论及其对邻避型群体性事件治理的启示》,载《上海行政学院学报》2013 年第 2 期。

95. 钭晓东:《论环境法的利益调整功能》,载《法学评论》2009 年第 6 期。

96. 杜健勋:《邻避运动中的法权配置与风险治理研究》,载《法制与社会发展》2014 年第 4 期。

97. 杜健勋:《交流与协商:邻避风险治理的规范性选择》,载《法学评论》2016 年第 1 期。

98. 杜健勋:《论我国邻避风险规制的模式及制度框架》,载《现代法学》2016 年第 6 期。

99. 杜宴林、张文显:《后现代方法与法学研究范式的转向》,载《吉林大学社会科学学报》2001 年第 3 期。

100. 方洪庆:《公众参与环境管理的意义和途径》,载《环境保护》2000 年第 12 期。

101. 方世荣:《论行政权力的要素及其制约》,载《法商研究(中南政法学院学报)》2001 年第 2 期。

102. 高鸿钧:《现代法治的困境及其出路》,载《法学研究》2003 年第 2 期。

103. 高秦伟:《社会自我规制与行政法的任务》,载《中国法学》2015 年第 5 期。

104. 巩固:《激励理论与环境法研究的实践转向》,载《郑州大学学报(哲学社会科学版)》2016 年第 4 期。

105. 郭武:《论中国第二代环境法的形成和发展趋势》,载《法商研究》2017 年第 1 期。

106. 郝铁川:《权利冲突:一个不成为问题的问题》,载《法学》2004 年第 9 期。

107. 何艳玲:《对"别在我家后院"的制度化回应探析——城镇化中的"邻避冲突"与"环境正义"》,载《人民论坛 · 学术前沿》2014 年第 6 期。

108. 胡锦光、王锴:《论我国宪法中"公共利益"的界定》,载《中国法学》2005 年第 1 期。

109. 胡象明、杨正等:《中国式邻避治理的整体性与类型化思维的系统比较》,载《城市问题》2019 年第 11 期。

110. 华启和:《邻避冲突的环境正义考量》,载《中州学刊》2014 年第 10 期。

111. 靳永翥、李春艳:《危机何以化解:基于危机公关的政府工具研究——以环境型邻避事件为例》,载《北京行政学院学报》2019 年第 6 期。

112. 柯坚:《事实、规范与价值之间:环境法的问题立场、学科导向与实践指向》,载《南京工业大学学报(社会科学版)》2014 年第 1 期。

113. 李德刚:《城市邻避冲突的社会风险及规避机制分析》,载《湖北社会科学》2017 年第 10 期。

114. 李琳、刘海东:《环境邻避冲突中公众纠纷解决机制的发展与完善》,载《中国环境管理》2019 年第 1 期。

115. 李敏:《城市化进程中邻避危机的公民参与》,载《东南学术》2013 年第 2 期。

116. 李启家:《环境法领域利益冲突的识别与衡平》,载《法学评论》2015 年第 6 期。

117. 李琼:《权利边界、冲突及其衡平》,载《湘潭大学学报(哲学社会科学版)》2012 年第 1 期。

118. 李小敏、胡象明:《邻避现象原因新析:风险认知与公众信任的视角》,载《中国行政管理》2015 年第 3 期。

119. 李小霞:《关于公共利益的界定》,载《重庆科技学院学报(社会科学版)》2005 年第 3 期。

120. 李艳芳:《对我国环境法“协调发展”原则重心的思考》,载《中州学刊》2002 年第 2 期。

121. 李永展、何纪芳:《台北地方生活圈都市服务设施之邻避效果》,载《都市与计划》1996 年第 1 期。

122. 李永展:《邻避症候群之解析》,载《都市与计划》1997 年第 1 期。

123. 梁甜甜:《多元环境治理体系中政府和企业的主体定位及其功能——以利益均衡为视角》,载《当代法学》2018 年第 5 期。

124. 刘冰:《复合型邻避补偿政策框架建构及运作机制研究》,载《中国行政管理》2019 年第 2 期。

125. 刘红梅、王克强等:《公众参与环境保护研究综述》,载《甘肃社会科学》2006 年第 4 期。

126. 刘莉:《邻避冲突中环境利益衡平的法治进路》,载《法学论坛》2015 年第 6 期。

127. 刘权:《目的正当性与比例原则的重构》,载《中国法学》2014 年第 4 期。

128. 刘卫先:《环境法学中的环境利益:识别、本质及其意义》,载《法学评论》2016 年第 3 期。

129. 刘晓亮、侯凯悦:《志愿和竞争选址:邻避冲突解决机制的西方经验与中国选择》,载《华东理工大学学报(社会科学版)》2017 年第 3 期。

130. 吕忠梅:《论公民环境权》,载《法学研究》1995 年第 6 期。

131. 吕忠梅:《关于物权法的"绿色"思考》,载《中国法学》2000 年第 5 期。

132. 吕忠梅、刘超:《环境权的法律论证——从阿列克西法律论证理论对环境权基本属性的考察》,载《法学评论》2008 年第 2 期。

133. 吕忠梅:《环境法学研究的转身——以环境与健康法律问题调查为例》,载《中国地质大学学报(社会科学版)》2010 年第 4 期。

134. 吕忠梅:《环境法回归路在何方?——关于环境法与传统部门法关系的再思考》,载《清华法学》2018 年第 5 期。

135. 马奔、王昕程、卢慧梅:《当代中国邻避冲突治理的策略选择——基于对几起典型邻避冲突案例的分析》,载《山东大学学报(哲学社会科学版)》2014 年第 3 期。

136. 梅献忠:《论利益衡量思想与环境法的理念》,载《政法学刊》2007 年第 4 期。

137. 欧阳康:《绿色 GDP 绩效评估论要:缘起、路径与价值》,载《华中科技大学学报(社会科学版)》2017 年第 6 期。

138. 漆多俊:《论权力》,载《法学研究》2001 年第 1 期。

139. 任丙强:《邻避冲突的性质及其解决机制:四种理论路径的阐释》,载《河北学刊》2015 年第 1 期。

140. 石火学:《公共政策视域中的公共利益解读》,载《理论探索》2012 年第 4 期。

141. 史玉成:《论环境保护公众参与的价值目标与制度构建》,载《法学家》2005 年第 1 期。

142. 孙笑侠:《论法律与社会利益——对市场经济中公平问题的另一种思考》,载《中国法学》1995 年第 4 期。

143. 孙笑侠:《论行业法》,载《中国法学》2013 年第 1 期。

144. 谭冰霖:《环境规制的反身法路向》,载《中外法学》2016 年第 6 期。

145. 谭冰霖:《论第三代环境规制》,载《现代法学》2018 年第 1 期。

146. 谭爽:《"冲突转化":超越"中国式邻避"的新路径——基于对典型案例的历时观察》,载《中国行政管理》2019 年第 6 期。

147. 谭英俊:《批判与反思:西方治理理论的内在缺陷与多维困境》,载《天府新论》2008 年第 4 期。

148. 汤京平:《邻避性环境冲突管理的制度与策略——以理性选择与交易成本理论分析六轻建厂及拜耳投资案》,载《政治科学论丛》第 10 期(1999 年)。

149. 唐山清:《论公共利益与个人利益的辩证关系》,载《社会科学家》2011 年第 2 期。

150. 陶鹏、童星:《邻避型群体性事件及其治理》,载《南京社会科学》2010 年第 8 期。

151. 田千山:《生态环境多元共治模式:概念与建构》,载《行政论坛》2013 年第 3 期。

152. 汪劲:《伦理观念的嬗变对现代法律及其实践的影响——以从人类中心到生态中心的环境法律观为中心》,载《现代法学》2002 年第 2 期。

153. 汪劲:《论环境享有权作为环境法上权利的核心构造》,载

《政法论丛》2016 年第 5 期。

154. 汪劲:《进化中的环境法上的权利类型探析——以环境享有权的核心构造为中心》,载《上海大学学报(社会科学版)》2017 年第 2 期。

155. 王彩波、张磊:《试析邻避冲突对政府的挑战——以环境正义为视角的分析》,载《社会科学战线》2012 年第 8 期。

156. 王灿发:《论生态文明建设法律保障体系的构建》,载《中国法学》2014 年第 3 期。

157. 王佃利、徐晴晴:《邻避冲突的属性分析与治理之道——基于邻避研究综述的分析》,载《中国行政管理》2012 年第 12 期。

158. 王佃利、王铮:《中国邻避治理的三重面向与逻辑转换:一种历时性的全景式分析》,载《学术研究》2019 年第 10 期。

159. 王奎明、于文广、谭新雨:《"中国式"邻避运动影响因素探析》,载《江淮论坛》2013 年第 3 期。

160. 王奎明、钟杨:《"中国式"邻避运动核心议题探析——基于民意视角》,载《上海交通大学学报(哲学社会科学版)》2014 年第 1 期。

161. 王奎明、张贤桦:《邻避设施回馈金制度:重塑政府公信力的路径借鉴——来自台湾的经验》,载《台湾研究集刊》2018 年第 1 期。

162. 王凌光:《论社区利益协议——美国解决邻避冲突的经验及启示》,载《行政法学研究》2018 年第 5 期。

163. 王明远:《论我国环境公益诉讼的发展方向:基于行政权与司法权关系理论的分析》,载《中国法学》2016 年第 1 期。

164. 王清军:《自我规制与环境法的实施》,载《西南政法大学学报》2017 年第 1 期。

165. 王树义、李华琪:《论环境软法对我国环境行政裁量权的规制》,载《学习与实践》2015 年第 7 期。

166. 王太高:《公共利益范畴研究》,载《南京社会科学》2005年第7期。

167. 王小钢:《义务本位论、权利本位论和环境公共利益——以乌托邦现实主义为视角》,载《法商研究》2010年第2期。

168. 王小钢:《从行政权力本位到公共利益理念——中国环境法律制度的理念更新》,载《中国地质大学学报(社会科学版)》2010年第5期。

169. 王小钢:《以环境公共利益为保护目标的环境权利理论——从"环境损害"到"对环境本身的损害"》,载《法制与社会发展》2011年第2期。

170. 王勇:《自愿性环境协议:一种新型的环境治理方式——基于协商行政的初步展开》,载《甘肃政法学院学报》2017年第3期。

171. 吴碧林、眭鸿明:《行业协会的功能及其法治价值》,载《江海学刊》2007年第6期。

172. 吴国贵:《环境权的概念、属性——张力维度的探讨》,载《法律科学(西北政法学院学报)》2003年第4期。

173. 吴真:《企业环境责任制度体系之重建——以循环经济为视角》,载《当代法学》2008年第5期。

174. 吴真:《公共信托原则视角下的环境权及环境侵权》,载《吉林大学社会科学学报》2010年第3期。

175. 吴真:《从公共信托原则透视环境法之调整对象》,载《当代法学》2010年第3期。

176. 吴真:《反向征收确认中权利冲突的化解——以公民生存权与环境权为视角》,载《河南师范大学学报(哲学社会科学版)》2010年第3期。

177. 吴真、李天相:《以协调与融合为核心的环境法学方法论初探》,载《法学杂志》2017年第7期。

178. 吴真、梁甜甜:《企业环境信息披露的多元治理机制》,载《吉林大学社会科学学报》2019 年第 1 期。

179. 辛方坤:《邻避风险社会放大过程中的政府信任:从流失到重构》,载《中国行政管理》2018 年第 8 期。

180. 熊超:《我国公民环境权益保护路径研究——基于政府环境责任的角度》,载《广西社会科学》2013 年第 6 期。

181. 许健:《论可持续发展与经济法的变革》,载《中国法学》2003 年第 6 期。

182. 徐伟敏:《环境侵权若干问题之检讨》,载《山东社会科学》2011 年第 3 期。

183. 徐祥民:《环境权论——人权发展历史分期的视角》,载《中国社会科学》2004 年第 4 期。

184. 徐祥民、朱雯:《环境利益的本质特征》,载《法学论坛》2014 年第 6 期。

185. 颜昌武等:《风险建构、地方性知识与邻避冲突治理》,载《甘肃行政学院学报》2019 年第 4 期。

186. 鄢德奎:《邻避冲突治理结构的反思与重塑——基于案例的实证分析》,载《中国科技论坛》2019 年第 8 期。

187. 鄢德奎:《中国邻避冲突规制失灵与治理策略研究——基于 531 起邻避冲突个案的实证分析》,载《中国软科学》2019 年第 9 期。

188. 严法善、刘会齐:《社会主义市场经济的环境利益》,载《复旦学报(社会科学版)》2008 年第 3 期。

189. 闫映全:《基础设施捆绑建设:解决邻避困境的新选择》,载《西部法学评论》2016 年第 4 期。

190. 杨炼:《论和谐社会视阈下的利益冲突及法律调整》,载《长沙理工大学学报(社会科学版)》2009 年第 4 期。

191. 杨通进:《爱尔维修与霍尔巴赫论个人利益与社会利益》,

载《中国青年政治学院学报》1998 年第 4 期。

192. 杨雪锋、章天成:《邻避态度与邻避冲突——以杭州下沙沿江新建变电站项目为例》,载《城市问题》2015 年第 12 期。

193. 俞可平:《当代西方政治哲学的流变:从新个人主义到新集体主义》,载《社会科学战线》1998 年第 5 期。

194. 俞可平:《科学发展观与生态文明》,载《马克思主义与现实》2005 年第 4 期。

195. 张锋:《自然的权利与环境法的变革》,载《政法论丛》2005 年第 2 期。

196. 张海柱:《风险分配与认知正义:理解邻避冲突的新视角》,载《江海学刊》2019 年第 3 期。

197. 张红杰、徐祥民、凌欣:《政府环境责任论纲》,载《郑州大学学报(哲学社会科学版)》2017 年第 3 期。

198. 张紧跟:《邻避决策科学化与民主化何以融合——以参与式决策创新为例》,载《人文杂志》2019 年第 12 期。

199. 张军:《环境利益与经济利益刍议》,载《中国人口·资源与环境》2014 年第 1 期。

200. 张乐、童星:《“邻避”行动的社会生成机制》,载《江苏行政学院学报》2013 年第 1 期。

201. 张璐:《容忍义务的扩张与限缩——以容忍义务为参照的环境权理论批判与重塑》,载《甘肃政法学院学报》2015 年第 6 期。

202. 张璐:《邻避冲突中公众环境权利保护的法律逻辑与路径选择》,载《江西社会科学》2016 年第 12 期。

203. 张璐:《环境司法专门化中的利益识别与利益衡量》,载《环球法律评论》2018 年第 5 期。

204. 张文龙:《中国式邻避困局的解决之道:基于法律供给侧视角》,载《法律科学》2017 年第 2 期。

205. 张新宝:《侵权责任法立法的利益衡量》,载《中国法学》

2009 年第 4 期。

206. 张永亮等:《最严格环境保护制度:现状、经验与政策建议》,载《中国人口 · 资源与环境》2015 年第 2 期。

207. 张郁:《公众风险感知、政府信任与环境类邻避设施冲突参与意向》,载《行政论坛》2019 年第 4 期。

208. 张志辽:《环境利益公平分享的基本理论》,载《社会科学家》2010 年第 5 期。

209. 赵晖:《服务供给、公众诉求与邻避冲突后期治理——基于双案例的比较研究》,载《江苏社会科学》2019 年第 5 期。

210. 赵惊涛、张辰:《排污许可制度下的企业环境责任》,载《吉林大学社会科学学报》2017 年第 5 期。

211. 赵惊涛:《科学发展观与生态法制建设》,载《当代法学》2005 年第 5 期。

212. 赵惊涛:《论生态法律意识》,载《社会科学战线》2003 年第 6 期。

213. 赵惊涛:《协商解决环境纠纷机制的选择》,载《吉林大学社会科学学报》2015 年第 3 期。

214. 赵立新:《环境标准的健康价值反思》,载《中国地质大学学报(社会科学版)》2010 年第 4 期。

215. 赵小燕:《邻避冲突的政府决策诱因及对策》,载《武汉理工大学学报(社会科学版)》2014 年第 2 期。

216. 郑卫:《我国邻避设施规划公众参与困境研究——以北京六里屯垃圾焚烧发电厂规划为例》,载《城市规划》2013 年第 8 期。

217. 钟云萍:《论宪法中公共利益与个人利益的衡量》,载《求索》2009 年第 2 期。

218. 钟宗炬等:《基于信息计量学的国内外邻避冲突文献研究》,载《风险灾害危机研究》2016 年第 2 期。

219. 周昌发:《论环境法对利益冲突的平衡》,载《云南社会科学》2009 年第 3 期。

220. 周珂、林潇潇:《环境损害司法救济的困境与出路》,载《法学杂志》2016 年第 7 期。

221. 周旺生:《论法律利益》,载《法律科学(西北政法大学学报)》2004 年第 2 期。

222. 朱谦、楚晨:《环境影响评价过程中应突出公众对环境公益之维护》,载《江淮论坛》2019 年第 2 期。

223. 朱谦:《论环境权的法律属性》,载《中国法学》2001 年第 3 期。

224. 朱巧香:《论社会正义感的养成与和谐社会的构建》,载《社会科学战线》2008 年第 7 期。

225. 朱全景:《论损失最小化原则在司法中的应用》,载《中国检察官》2007 年第 7 期。

226. 朱阳光等:《邻避效应研究述评与展望》,载《现代城市研究》2015 年第 10 期。

(三)学位论文

227. 韩兆坤:《协作性环境治理研究》,吉林大学 2016 年博士学位论文。

228. 贺思源:《环境侵害国家救济研究》,中南财经政法大学 2018 年博士学位论文。

229. 李兵:《论行政法上公共利益对私人利益的限制》,苏州大学 2007 年博士学位论文。

230. 吴真:《公共信托原则研究》,吉林大学 2006 年博士学位论文。

231. 相焕伟:《协商行政:一种新的行政法范式》,山东大学 2014 年博士学位论文。

232. 杨秋波:《邻避设施决策中公众参与的作用机理与行为分析研究》,天津大学 2012 年博士学位论文。

二、外文文献

(一)英文著作

1. Barbara Adam, Ulrich Beck & Joost Van Loon, *The Risk Society and Beyond*, Sage Publications, 2000.

2. Janet V. Denhardt & Robert B. Denhardt, *The New Public Service: Serving, not Steering*, Routledge Press, 2002.

3. John Rawls, *A Theory of Justice*, Belknap Press of Harvard University Press, 1971.

4. Kooiman Jan, *Governing as Governance*, Sage Press, 2003.

5. Michael A. Cohen et al., *Preparing for the Urban Future: Global Pressures and Local Forces*, Woodrow Wilson Center Press, 1996.

(二)英文期刊

6. Barak D. Richman & Christopher Boerner, *A Transaction Cost Economizing Approach to Regulation: Understanding the NIMBY Problem and Improving Regulatory Responses*, Yale Journal on Regulation, Vol. 29:23, p. 67(2006).

7. Bruno S. Frey, Felix Oberholzer – Gee & Reiner Eichenberger, *The Old Lady Visits Your Backyard: Backyard: A Tale of Morals and Markets*, Journal of Political Economy, Vol. 104:2, p. 1298(1996).

8. Carissa Schively, *Understanding the NIMBY and LULU Phenomena: Reassessing Our Knowledge Base and Informing Future Research*, Journal of Planning Literature, Vol. 21:3, p. 256(2007).

9. D. H. Leroy & T. S. Nadler, *Negotiate Way out of Siting Dilemmas*, Forum for Applied Research and Public Policy, Vol. 8:1, p. 107(1993).

10. F. J. Popper, *Siting LULUs (locally unwanted land uses)*, Planning, Vol. 47:4, p. 14(1981).

11. Harlan F. Stone, *The Common Law in United States*, Harvard Law Review, Vol. 50:1, p. 4(1936).

12. Howard Kunreuther, Kevin Fitzerald & Thomas D. Aarts, *Sitting Noxious Facilities: A Test of the Facility Sting Credo*, Risk Analysis, Vol. 13:3, p. 303(1993).

13. Ingo Bode & Oscar Firbank, *Barriers to Co – Governance: Examining the 'Chemistry' of Home Care Networks in Germany, England and Quebec*, Policy Studies Journal, Vol. 37: 2, p. 326 (2009).

14. Kate Burningham, *Using the Language of NIMBY: A Topic for Research, Not an Activity for Researchers*, The International Journal of Justice and Sustainability, Vol. 5:1, p. 56(2000).

15. Laura Wolf – Powers, *Community Benefits Agreements and Local Government: A Review of Recent Evidence*, Journal of the American Planning Association, Vol. 76:2, p. 144(2010).

16. Leonard Waks, *Environmental Claims and Citizen Rights*, Environmental Ethics, Vol. 18:2, p. 138(1996).

17. Maarten Wolsink, *Entanglement of Interests and Motives: Assumptions behind the NIMBY Theory on Facility Siting*, Urban Studies, Vol. 31:6, p. 853(1994).

18. Mcgurty E. Maura, *From NIMAY to Civil Right: The Origins of the Environmental Justice Movement*, Environmental History, Vol. 2:3, p. 303(1997).

19. M. E. Vittes, Pollock Ⅲ & S. A. Lille, *Factors Contributing to NIMBY Attitudes*, Waste Management, Vol. 13:2, p. 125(1993).

20. Michael Dear, *Understanding and Overcoming the NIMBY Syndrome*, Journal of the American Planning Association, Vol. 58:3, p. 289(1992).

21. Michael E. Kraft & Bruce B. Clary, *Citizen Participation and the Nimby Syndrome: Public Response to Radioactive Waste Disposal*, The Western Political Quarterly, Vol. 44:2, p. 300(1991).

22. Michael O'Hare, *Not on My Block You Don't: Facility Siting and Strategic Importance of Compensation*, Public Policy, Vol. 25:4, p. 412(1977).

23. Patricia E. Salkin & Amy Lavine, *Negotiating for Social Justice and the Promise of Community Benefit Agreements: Case Studies of Current and Developing Agreements*, Journal of Afford able Housing, Vol. 1:17, p. 114(2007).

24. Pellow D. Naguib, *Environmental Inequality Formation: Toward a Theory of Environmental Injustice*, American Behavioral Scientist, Vol. 43:4, p. 582(2000).

25. Peter A. Groothuis, Jana D. Groothuis & John C. Whitehead, *Green vs. green: Measuring the Compensation Required to Site Electrical Generation Windmills in a Viewshed*, Energy Policy, Vol. 36:4, p. 1546(2008).

26. Susan Hunter & Kevin M. Leyden, *Beyond NIMBY: Explaining Opposition to Hazardous Waste Facilities*, Policy Studies Journal, Vol. 23:4, p. 601(1995).

27. Vicki Been, *Community Benefits Agreements: A New Local Government Tool or Another Variation on the Exactions Theme?*, The University of Chicago Law Review, Vol. 77:1, p. 5(2010).

致　谢

时光荏苒如白驹过隙,三年的时间转瞬即逝。记得最初考上吉林大学博士研究生的时候,我为终于实现多年的梦想而抑制不住心中的喜悦;也记得自己日夜苦读和奋力写作的点点滴滴;还记得写毕业论文时费心思索仍不得要领时的崩溃状态。经历这一切之后,我终于懂得读博虽是一条艰辛而漫长的道路,但是只要怀着足够的信心和付出百倍的努力,还是有乘风破浪通往成功之彼岸的可能。

在此我首先要感谢恩师吴真教授。我刚入吴老师门下时,对许多环境法学知识并没有深刻领会,自己还急于想作出一些学术成果,学习中有很多地方不得要领。老师此时对我表现出极大的耐心,以和我谈心的方式告诉我不要着急并推荐我读了很多书籍,让我对某一个问题先进行练笔,然后再指出不足让我进行反复地修改。最终我在老师的指导下和老师共同发表出两篇学术论文。吴老师学识渊博,诲人不倦,用思想中智慧的光芒为我在学术研究上点亮了一盏明灯,使我终身受益;她为人师表,以诚待人,用女性特有的温柔和耐心对我在学习和生活中予以照顾。这几年来,因为家中老人重病,孩子幼小,多次感觉撑不下去的时候,老师都会在第一时间鼓励我,帮助我,使我走出阴霾,奋力向前。我也因被老师的精神所感染,下定决心要做一名专心学术、爱护学生的好老师。

感谢赵惊涛教授。赵老师思维敏锐,见解独到,在学术研究上极具特色。她对我提出的问题从来都是不吝赐教。我非常高兴能有机会和赵老师探讨问题,也总能在她的点拨下产生思想的火花。赵老师善解人意,和蔼可亲。她总能站在我的角度上帮我思考问题,对我在生活和工作上遇到的不如意的事情进行开导,把她人生经历中的宝贵智慧传授于我,使我倍感亲切,更有信心去面对生活。

感谢经济法导师组的全体老师对我多年的教导与帮助。感谢冯彦君教授,冯老师知识渊博、出口成章,我往往能从他精彩的授课中获取很多学术知识。他对学生未来的发展非常关注,也很注意因材施教,是一名不可多得的好老师。感谢王彦明教授对我在学术研究上的启发。王老师严谨治学、幽默风趣,对我在求学过程中遇到的学术问题不吝赐教,使我受益匪浅。感谢王小钢教授、李剑教授、董文军副教授、艾琳副教授和王皎皎老师对本书的批评指正。老师们的帮助和教导,使学生的学术水平有了很大的提高。

感谢我的父母梁志超先生、陈伟女士从小对我的培养和对我读博的支持,是他们无私的爱支撑着我跨越一个个难关。感谢我的公婆赵海霞女士在身体患病的情况下对我在生活上的照顾和精神上的鼓励。感谢我的爱人宋磊一直以来对我通向学术道路的支持。虽然他不善言辞,但是还是承担起照顾孩子的重任,让我在求学中没有后顾之忧。感谢我的宝贝女儿宋佳安小朋友,这些年我最觉得亏欠的就是她。在她最应该得到陪伴的童年里,我在很多方面没有尽到母亲的职责。希望她长大以后能理解我,我也会在今后的日子里多加弥补。

感谢我的同学李天相博士、赵绨博士多次拿出自己的宝贵时间对本书稿提出宝贵意见，也感谢他们在学习和生活中对我的鼓励。感谢我的朋友唐兵博士在我读书的这段时间里对我精神上的劝慰和工作中的帮助。

最后，感谢所有在我生活中对我提供帮助的人。

虽然三年的读博生涯即将谢幕，但是学术研究永无止境，需要我继续磨炼心智并积极探索。我要不忘当初要做一名出色的法学学者的初心，牢记成为一名优秀教师的使命，逆流而上，勇往直前，争取在未来的学术道路上作出更大的成绩，为中国的环境法学事业尽一份绵薄之力。

后　记

本书是在笔者博士论文的基础上精心打磨并完善而成的。

转瞬间，博士毕业已经三年有余。这三年间我经历了人生中的重要事情——工作调动，来到了我的新单位燕山大学，也是我攻读硕士的母校。进入到文法学院法学系这个大家庭，领导和同事们对我的关怀使我感受到了家庭般的温暖。尤其是我曾经的硕士导师燕山大学依法治国研究院副院长刘立霞教授对我在工作上给予了很多的支持与帮助。笔者也希望能为燕山大学的发展贡献自己的力量。

本书的出版要特别感谢笔者在吉林大学攻读博士期间的导师吴真教授、在华东政法大学攻读博士后期间的导师华东政法大学经济法学院肖国兴教授、吉林大学副校长蔡立东教授和燕山大学文法学院前院长郭金平教授。正是肖教授和郭教授的积极肯定和热忱推荐才使拙作得以在法律出版社顺利出版。

毋庸置疑，邻避设施选址的研究是个现实性的需要迫切解决的课题。本书只是选取了利益冲突的角度对邻避设施选址中出现的问题进行分析并从法律实践方面构思了权衡与化解的方式,这也仅仅是初步的、探索性的研究。由于时间以及能力所限,书中论述的内容必然会存在一些疏漏之处,敬请各位读者批评指正。笔者也将结合自身工作实际继续开展深入研究,以期为我国环境法治建设添砖加瓦,实现绿水青山的美丽中国梦。